dedicated to my father

July 2017 edition
© Written by Noel Koutlis
With special thanks to Yiannis Corovesis

Back cover: Schematic
for the Antikythera mechanism
(Wikimedia Commons)
by Lead Holder

Περιεχόμενα

Πρόλογος

I met Noel Koutlis in the summer of 1996 under the pretext of developing Internet Service Provision in Greece, he was working for a major Informatics company in Athens, wishing to invest in Internet development. I now regret that I missed Noel' sharp technology mind explorations by not staying on with the group led by the late Athanasios P.

According to Eric S. Raymond this was the year the "Netscape opensource shot" was heard all over the world. Although a pioneer network geek myself I was utterly surprised to discover the company had obtain the permission to distribute Netscape products, through Noel's initiative of course.

We collaborated again before the Olympic Games 2004 where Noel had a vision to create something like a mobile PDA to be distributed to a massive number of visitors together with appropriate applications concerning information and services, unfortunately our team did not get support. I was to be the network designer of the proposal to handle the "cloud of Visitors".

It is my great honour to write the foreword of his thesis and great pleassure to read the subject he chose to investigate, the programming foundation of the World Wide Web, the greatest killer application ever that made Internet a global phenomenon. Undoubtedly the core computational concept of WWW is Javascript a processor of networked information resources using a multi-paradigm programming style.

Noel presents the evolutionary aspects of Javascript and provides a detailed comparative of the various Javascript frameworks that have emerged together with their prime domains of application.
Finally, He details the general purpose capabilities of the Javascript by programming the case of multivaliable optimization.

Corovesis Yannis, Scientific Manager of ARIADNE-T NCSR "Demokritos"

9 Δεκεμβρίου 1968 στην η παρουσίαση του Dr Douglas Engelbart που ονομάστηκε "The Mother of All Demos" παρουσιάστηκαν για πρώτη φορά το ποντίκι, το γραφικό περιβάλλον, οι βίντεο- συνδιασκέψεις, το hypertext, η λογική object oriented και η ταυτόχρονη διόρθωση αρχείων από πολλά άτομα μέσω δικτύου (youtu.be/yJDv-zdhzMY)

1. Εισαγωγή

Πολλές φορές έχει γραφτεί η ιστορία του Internet και του www όπως ξεκίνησε στις αρχές της δεκαετίας του 90 από τον Sir Tim Berners-Lee ως μια λύση για διασύνδεση κειμένων. Παλαιότερες αναφορές για τεχνολογίες hypertext φτάνουν ακόμα πιο πίσω, στο 1960 με το Project Xanadu του Ted Nelson, το σύμφωνα με το περιοδικό Wired, μακροβιότερο vapor-ware[103]. Η ιστορία λοιπόν μας διδάσκει ότι πολλά projects μένουν σε ιδέες χωρίς ποτέ να υλοποιηθούν ή υλοποιούνται πολύ αργά (το Xanadu έφτασε να υλοποιείται 40 χρόνια μετά και έγινε ευρέως διαθέσιμο 54 χρόνια μετά) όταν η τεχνολογία ή η μόδα τα έχει ξεπεράσει.

Στο χώρο των browsers το **1992** εμφανίστηκε ο ViolaWWW, ο πρώτος browser (φωτογραφία αριστερά) που είχε inline γραφικά, πίνακες, frames και stylesheets πριν αυτά καν γίνουν γνωστά από τη Netscape. Η εταιρεία Eolas Technologies που είχε τα πνευματικά δικαιώματα του browser μαζί με το Πανεπιστήμιο της Καλιφόρνιας έφτασαν να μηνύσουν μεταξύ άλλων την Microsoft, Google και Yahoo και να απαιτήσουν μισό δισεκατομμύριο δολάρια για τις πατέντες που είχαν, μια εκ των οποίων ήταν το scripting, η δυνατότητα που έδιναν στις html σελίδες να περιέχουν εκτελέσιμο κώδικα, κάνοντας έτσι το www μια νέα πλατφόρμα διανομής και εκτέλεσης εφαρμογών.

Ο σχεδιαστής της εφαρμογής Viola (Visually Interactive Object-oriented Language and Application) Pei-Yuan Wei [104] είχε δηλώσει ότι εμπνεύστηκε από το HyperCard του Macintosh.

Πολλά χρόνια αργότερα, το 2012, ο δημιουργός της JavaScript Brendan Eich δήλωσε ότι κι αυτός χρησιμοποίησε ιδέες του τύπου .onclick από το HyperCard του Bill Atkinson.

Από τη δεκαετία του 60 του Xanadu, τα demo του Douglas Engelbart το 68 που παρουσίαζαν το ποντίκι, τα παράθυρα, τις βιντεοσυνομιλίες, τους επεξεργαστές κειμένου, το hypertext, και όσα ενέπνευσαν τα project του Xerox PARC, πέρασαν δεκαετίες εξέλιξης από εκατοντάδες εταιρείες και χιλιάδες επιστημονικές εργασίες για να έχουμε σήμερα τις τεχνολογίες που θα παρουσιάσουμε στα επόμενα κεφάλαια. Το βιβλίο αυτό γράφτηκε το 2015 *με την ευκαιρία της συμπλήρωσης των 20 ετών από τη δημιουργία της JavaScript (youtu.be/UZetViiy4jo)* αρχικά για τις ανάγκες της διπλωματικής μου εργασίας αλλά και για να βοηθήσω τον κλάδο της πληροφορικής στην Ελλάδα να μη βλέπει ρατσιστικά μία γλώσσα προγραμματισμού. Όπως θα αναφερθεί στην ιστορική αναδρομή της γλώσσας, ήδη από το 1995 η γλώσσα αναπτύχθηκε ως εργαλείο του browser, δηλαδή ως απλή γλώσσα για χειρισμό ορισμένων λειτουργιών στο front end ενώ στο back end θα υπήρχε η αντίστοιχη σοβαρότερη γλώσσα Java. Τα χρόνια αυτά (1995-2000) η ίδια η Java αντιμετωπίστηκε ως "toy language" δίπλα στη C και τη C++. Μια απλοποιημένη μορφή της παραδοσιακής γλώσσας των λειτουργικών συστημάτων χωρίς pointers και memory allocation και με αυτόματο garbage collection. Χρειάστηκαν πολλά χρόνια μέχρι η Java να κατακτήσει την νούμερο #1 θέση στις γλώσσες προγραμματισμού, να αποκτήσει οπαδούς, μεγάλη τεκμηρίωση και ιδιαίτερα μεγάλο απόθεμα ελεύθερου πηγαίου κώδικα. Η μεγάλη της ώθηση ειδικά με το Android σκίασε την JavaScript που ακόμα και σήμερα θεωρείται από πολύ κόσμο ίδια γλώσσα με τη Java παρά τις δομικές διαφορές που έχουν. Και οι δύο γλώσσες παρουσιάστηκαν το 1995 όμως η σχεδίαση της Java ξεκίνησε από το 1991 ενώ η JavaScript σχεδιάστηκε σε μόλις 10 μέρες το 1995. Το μόνο κοινό σημείο της JavaScript από τότε είναι η βιβλιοθήκη της ημερομηνίας και των μαθηματικών (Date, Math). Είχα τη τύχη να παρακολουθήσω την εξέλιξη και των δύο γλωσσών και έτυχε να παρευρεθώ στην δορυφορική παρουσίαση της JAVA σε κεντρικό ξενοδοχείο στην Ελλάδα από τον τότε αντιπρόσωπό της SUN. Από τότε και για 20 χρόνια οι δύο γλώσσες εξελίσσονται ανεξάρτητα, η Java είναι ήδη στην έκδοση 9 ενώ η JavaScript είναι στην 6η (ES6) έκδοση από τον Ιούνιο του 2015, μάλιστα και οι δύο γλώσσες έχουν προσθέσει χαρακτηριστικά η μία της άλλης. Οι ίδιες οι γλώσσες, ίσως από τη μόδα και τις τάσεις της εποχής αλλάζουν ενώ οι προγραμματιστές που τις φτιάχνουν προσπαθούν να τις βελτιώσουν, είτε σε open source projects είτε ως εταιρικά projects. Για λόγους συμβατότητας κρατούνται και λάθη στη σχεδίαση που αναγκαστικά γίνονται features μιας γλώσσας όπως συνέβη και στην JavaScript ενώ πολλές φορές μπαίνει μια διαχωριστική γραμμή (στη Javascript ορίστηκε με το strict) ή φτιάχνεται μια νέα γλώσσα στη θέση της προηγούμενης (περίπτωση Apple Swift).

Κατά τη γνώμη μου η διαφοροποίηση μιας γλώσσας από "toy language" σε business language είναι καθαρά στο μυαλό του προγραμματιστή. Χρειάζεται βέβαια αρκετή έρευνα για να αποδειχθεί αν μια γλώσσα θεωρείται κατάλληλη για ένα project, όταν μάλιστα κανείς δεν την αντιλαμβάνεται, αφού στο τέλος της μέρας αυτό που έχει σημασία είναι να λειτουργεί -και μάλιστα χωρίς προβλήματα- όπου και να βρίσκεται αυτό το back end, αφού σήμερα αυτό είναι κατανεμημένο σε άγνωστους (γεωγραφικά τουλάχιστον) servers.

Σε καμιά περίπτωση η εργασία δε προωθεί τη JavaScript ως μοναδική γλώσσα που πρέπει να ξέρει ένας προγραμματιστής. Παρότι η Java και η JavaScript γεννήθηκαν την ίδια περίπου εποχή, η Java παραμένει η πρώτη σε χρήση γλώσσα και εγκατεστημένη βάση παγκοσμίως μαζί με παλαιότερες γλώσσες που ακολουθούν το ίδιο συντακτικό (C, C++). Όπως είχε πει παλαιότερα ο Bjarne Stroustrup «κανείς δεν πρέπει να καλεί τον εαυτό του επαγγελματία αν ξέρει μόνο μία γλώσσα» (youtu.be/NvWTnIoQZj4).

Νόελ Κουτλής

Ευχαριστίες: ιδιαίτερα στους καθηγητές μου Δρ Κώστα Τσερπέ, Δρ Χρήστο Μιχαλακέλη, Δρ Γιώργο Δημητρακόπουλο, Δρ Γιώργο Μπράβο, Δρ Περικλή Λουκόπουλο, Δρ Μαλβίνα Βαμβακάρη, Δρ Δημοσθένη Αναγνωστόπουλο, Δρ Χρύσα Σοφιανοπούλου, Δρ Μήτρου Λίλιαν και όσους με στήριξαν σε αυτή τη προσπάθεια, τον Δρ Διονύση Γκρέκα, τον Δρ Σταμάτη Αρκουλή, τον Δρ Παύλο Ειρηνάκη, τον Δρ Δημήτρη Καραγιάννη, τον Λεωνίδα Φέγγο, τον Αλέξανδρο Κουλουμπή, τους συνάδελφους μου Γιώργο Αυγουστή, Φώτη Κάτση, Γιάννη Σοφολόγη, Νίκο Νικολινάκο, Χρήστο Εμμανουηλίδη, Δημήτρη Θεοδοσίου και ιδιαίτερα τους συμφοιτητές μου Γιώργο και Σταμάτη Πανουτσακόπουλο.

Διορθώσεις: *Γιάννης Μουρατίδης, Δημήτρης Τορναζάκης.*

![ECMAScript® 2015 — Standard ECMA-262 — 6th Edition / June 2015 — JS]

2. Η επιλογή της γλώσσας JavaScript

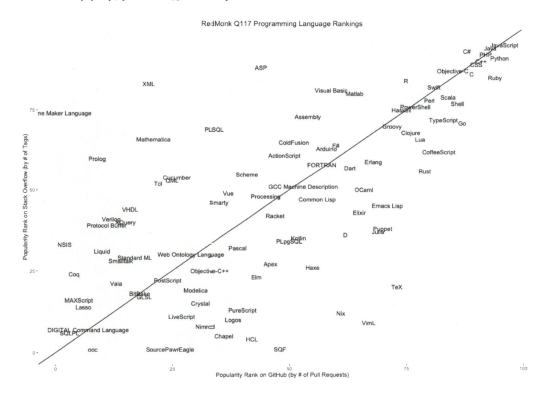

Σύμφωνα με τον δείκτη TIOBE αυτό το διάστημα (2017) η JavaScript είναι η 8η γλώσσα σε χρήση στο κόσμο[51] ενώ σύμφωνα με το δείκτη RedMonk[52] είναι η #1 σε χρήση γλώσσα και στο GitHub, κυρίως λόγω της εκρηκτικής ανόδου στη χρήση των JavaScript frameworks[53] που θα αναλυθούν περισσότερο παρακάτω.

15 most popular languages used on GitHub by opened Pull Request and percentage change from previous period

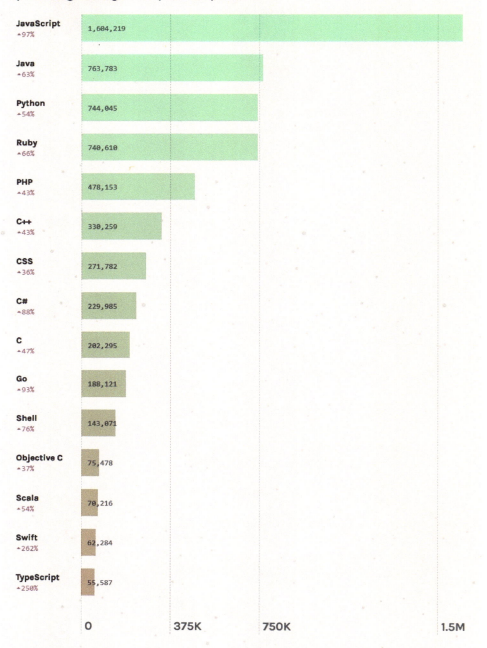

Language	Change	Value
JavaScript	▲97%	1,604,219
Java	▲63%	763,783
Python	▲54%	744,045
Ruby	▲66%	740,610
PHP	▲43%	478,153
C++	▲43%	330,259
CSS	▲36%	271,782
C#	▲88%	229,985
C	▲47%	202,295
Go	▲93%	188,121
Shell	▲76%	143,071
Objective C	▲37%	75,478
Scala	▲54%	70,216
Swift	▲262%	62,284
TypeScript	▲250%	55,587

0   375K   750K   1.5M

Standouts include JavaScript, C#, and Go who have seen almost doubled growth. Swift and TypeScript are up and coming with 3.5x growth.

octoverse.github.com (2017) 5.8m+ active users, 19.4M+ active repositories, 331K+ active organizations

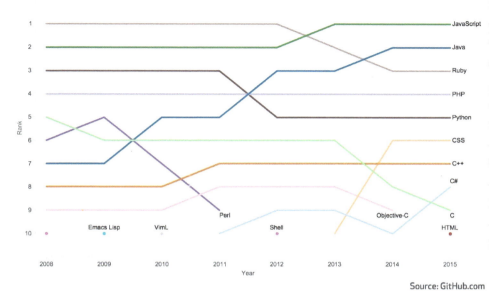

Rank of top languages on GitHub.com over time

Source: GitHub.com

Όπως ανέφερε ο Matt Mullenweg, ο δημιουργός του WordPress (η πλατφόρμα που χρησιμοποιούν το 60% των sites που βασίζονται σε CMS, και σχεδόν το ¼ των sites συνολικά παγκοσμίως) «η JavaScript δεν είναι απλά το μέλλον του WordPress αλλά και το μέλλον του web, θα επιτρέψει το WordPress να ευδοκιμήσει για τα επόμενα 13 χρόνια[89]. Δεξιά βλέπουμε την έρευνα που έγινε από το **stackoverflow** με 49397 (!) απαντήσεις.

Όπως θα διαπιστώσουμε και από το ιστορικό της γλώσσας, όλες οι γλώσσες προγραμματισμού ακολουθούν μόδες και σημαντικά γεγονότα επηρεάζουν τη χρήση τους, τις εφαρμογές τους και τη γενικότερη συνεχιζόμενη υποστήριξή τους. Θα αναλύσουμε αυτά τα γεγονότα στην περίπτωση της JavaScript και θα διαπιστώσουμε ότι καθόλου τυχαία η JavaScript είναι πρώτη στις προτιμήσεις τα 4 τελευταία χρόνια.

I. Most Popular Technologies

| 2016 | 2015 | 2014 | 2013 |

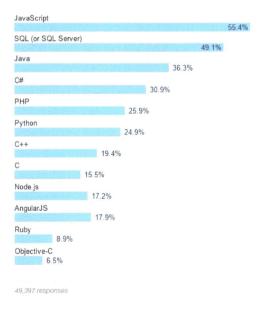

JavaScript	55.4%
SQL (or SQL Server)	49.1%
Java	36.3%
C#	30.9%
PHP	25.9%
Python	24.9%
C++	19.4%
C	15.5%
Node.js	17.2%
AngularJS	17.9%
Ruby	8.9%
Objective-C	6.5%

49,397 responses

More people use JavaScript than use any other programming language. PHP appears to be falling out of favor as Node and Angular emerge.

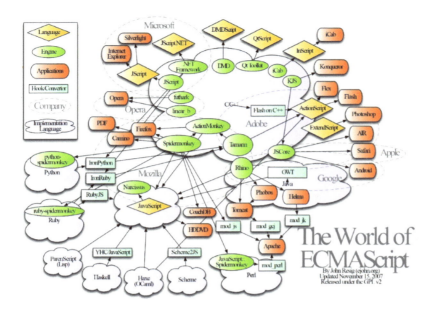

2.1 Η ιστορία της JavaScript

Η JavaScript εμφανίστηκε επίσημα ως γλώσσα το Δεκέμβριο του 1995 στην 3η beta έκδοση του browser Netscape Navigator 2.0. Να σημειώσουμε ότι τη χρονιά εκείνη συνδεμένοι στο Internet ήταν περίπου 16 εκατομμύρια χρήστες. Η επίσημη ιστορία γράφτηκε στο blog[66] του (34χρονου τότε) δημιουργού της γλώσσας, Brendan Eich προσπαθώντας να απαντήσει σε φήμες που είχαν από καιρό μετατραπεί σε ιστορία. Παραθέτουμε τα λόγια του μεταφρασμένα «προσλήφθηκα στην Netscape στις 4 Απριλίου του 1995 με το σκοπό να ενσωματώσω τη γλώσσα προγραμματισμού Scheme (συναρτησιακή γλώσσα, διάλεκτος της Lisp) στον browser. Το management αποτελούμενο από τους Tom Paquin, Michael Toy, Rick Schell, και Marc Andreessen είχε αποφασίσει ότι η Netscape έπρεπε να ενσωματώσει μια γλώσσα σε μορφή πηγαίου κώδικα, μέσα στην HTML. Χρειαζόμασταν ένα demo, ένα proof of concept και εκείνο τον καιρό μεταφέρθηκα στο τμήμα των προϊόντων server για λόγους πολιτικής. Εκείνες τις μέρες η γλώσσα Oak μετονομάστηκε σε Java και η Netscape ήταν σε συζητήσεις με τη SUN για να ενσωματώσει τη γλώσσα στον Navigator.

Μέσα στη Netscape το κεντρικό θέμα των συζητήσεων ήταν για ποιο λόγο να ενσωματωθούν δύο γλώσσες. Χρειαζόταν μία γλώσσα για όσους έγραφαν components που εκείνη την εποχή οι προγραμματιστές έγραφαν σε C++ και ελπίζαμε να γράφουν σε Java και μια γλώσσα για ερασιτέχνες και επαγγελματίες, μία γλώσσα scripting που θα μπορούσε να μπει μαζί με την HTML. Το management ήθελε μια γλώσσα που να μοιάζει με Java και έτσι αποκλείστηκε Perl, Python, Tcl αλλά και η Scheme. Δεν είμαι περήφανος αλλά ευτυχής που διάλεξα μια συναρτησιακή γλώσσα τύπου Scheme με prototypes. Με τον Bill Joy συζητήσαμε και αναπτύξαμε τον garbage collector και ο Bill συμφωνούσε ότι θέλαμε μια απλή scripting γλώσσα που να αναλογεί στη χρήση της VisualBasic σε σχέση με την C++.

Από τον Απρίλιο μέχρι τον Μάϊο του 1995 με τον Kipp Hickman μελετήσαμε τη Java όπου την εποχή εκείνη ο Kipp έγραφε το δικό του JVM. Μαζί γράψαμε το NSPR (API στο οποίο πατάει και το JVM) και αρχές Μαϊου *[η σχεδίαση της γλώσσας έγινε σε μόλις 10 μέρες]* άρχισα να φτιάχνω το prototype της Mocha [το όνομα δόθηκε από τον ίδιο τον Marc Andreessen].» Μέχρι το Σεπτέμβριο η γλώσσα είχε μετονομαστεί σε LiveScript, όνομα με το οποίο πρωτοεμφανίστηκε στις beta εκδόσεις του Navigator 2.0. Μέχρι το Δεκέμβριο είχαν ευδοκιμήσει και οι συζητήσεις με την SUN (ιδιοκτήτης της JAVA) και οι δύο εταιρείες κατέληξαν σε συνεργασία να προωθήσουν την JAVA στην πλευρά του Server και τη νέα γλώσσα στην πλευρά του Browser. Ετσι με δελτίο τύπου[67] η Netscape μαζί με την SUN ανακοίνωσαν την JavaScript ως συμπληρωματική γλώσσα της JAVA με υποστήριξη από 28 εταιρείες. Το σήμα κατατεθέν (trademark) του ονόματος πέρασε αυτόματα στην ORACLE όταν αυτή εξαγόρασε την SUN μαζί με τις υπόλοιπες τεχνολογίες της (και την JAVA) ενώ οι τεχνολογίες της Netscape πέρασαν στην AmericaOnLine (AOL) όταν αυτή εξαγόρασε την Netscape και αργότερα (1998) στον οργανισμό Mozilla ρόλο που σήμερα έχει το Mozilla Foundation.

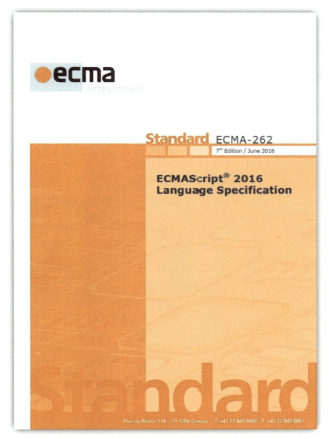

Από το 2016 αποφασίστηκε οι version να είναι ετήσιες, δηλαδή ECMAScript 2017 (ES8) κλπ.

2.2 Η συνεχιζόμενη ανάπτυξη της γλώσσας

Σήμερα η ανάπτυξη της γλώσσας έχει περάσει στον Ευρωπαϊκό οργανισμό κατασκευαστών υπολογιστών ECMA όπου έχει λάβει το επίσημο όνομα ECMAScript (κωδικός στον οργανισμό: ECMA-262). Ετσι η γλώσσα είχε φτάσει στη δεύτερη έκδοση το 1998, στην 3η το 1999 [68] . Στην υλοποίηση της 4ης έκδοσης συμμετείχαν και η Microsoft με τη δική της διάλεκτο που τότε ονομαζόταν Jscript (ο δημιουργός της TurboPascal και του Delphi, Anders Hejlsberg (είχε προσληφθεί στην Microsoft το 1996 για να φτιάξει την δική του διάλεκτο της Java, τη γλώσσα J) και η Jscript θα ήταν η αντίστοιχή της γλώσσα στον browser [ο ίδιος αργότερα ανέπτυξε το .net και την C#]. Αντίστοιχα την ίδια περίοδο η Macromedia που είχε φτιάξει την τεχνολογία Flash ήθελε να συνεισφέρει στην 4η έκδοση της JavaScript, καθώς στο Flash ενσωμάτωνε τη γλώσσα ActionScript ως παραλλαγή της HyperTalk (*η γλώσσα που είχε το προϊόν HyperCard της Apple*) και η οποία εξελίχθηκε ως επίσημα αναγνωρισμένη διάλεκτος της ECMAScript. Τελικά τα συνεργαζόμενα μέλη ποτέ δε συμφώνησαν στο τι θα πρέπει να περιέχει και έτσι η 4η έκδοση ποτέ δεν υλοποιήθηκε. Σήμερα όλοι οι browsers υποστηρίζουν την έκδοση 5.1 που παρουσιάστηκε τον Ιούνιο του 2011 ενώ Τον Ιούνιο του 2015 επισημοποιήθηκε η έκδοση 6 «ES6 Harmony» και αποφασίστηκε όλες οι νέες εκδόσεις να παίρνουν το όνομα της χρονιάς, με πιο πρόσφατη έγκριση στις 14 Ιουνίου 2016 της έκδοσης "ECMAScript® 2016"[94] *(586 σελίδες)*

Μερικά ακόμα ενδιαφέροντα στοιχεία για τη δημιουργία της JavaScript έδωσε ο Brendan Eich στη συνέντευξή του στο IEEE τον Ιανουάριο του 2012 (διαθέσιμη στο youtu.be/IPxQ9kEaF8c) όπως:

- χρησιμοποίησα ιδέες του τύπου .onclick από το HyperCard του Bill Atkinson (γλώσσα της Apple)

- ήξερα ότι θα υπάρχουν λάθη στη γλώσσα γι' αυτό την έφτιαξα εύπλαστη, ώστε ο κάθε προγραμματιστής να την προσαρμόζει όπως θέλει

- αν έβαζα κλάσεις στην JavaScript το 1995 θα έλεγαν ότι μοιάζει με τη Java ή ότι η JavaScript ανταγωνίζεται την Java. Εκτελούσα εντολές του marketing να τη φτιάξω να μοιάζει με τη Java αλλά να μην είναι μεγάλη, να μοιάζει με το μικρό χαζό αδερφό της!

To HyperCard στο System 7 -ης Apple (1991) από το οποίο εμπνεύστηκε η JavaScript (emulator jamesfriend.com.au/pce-js/)

Στα 20 αυτά χρόνια, εκτός απέ την εξέλιξη της γλώσσας πολλές άλλες τεχνολογίες δημιουργήθηκαν για να διευκολύνουν τον προγραμματισμό ως προς την JavaScript και τη διαχείριση του DOM στον browser. Τον Απρίλιο του 2014 στο συνέδριο PyCON της γλώσσας Python (τη γλώσσα που έφτιαξε ο Guido van Rossum στις Χριστουγεννιάτικες διακοπές του το 1989) παρουσιάστηκε σε μια ομιλία «η γέννηση και ο θάνατος της JavaScript» από τον Gary Bernhardt[50]. Η ενδιαφέρουσα ομιλία επικεντρώνεται στην ιστορία της γλώσσας από την γέννησή της, τη μόδα που επικρατεί σήμερα και την άποψη του πως θα είναι η γλώσσα σε 10 και 20 χρόνια και πως από γλώσσα που θεωρούταν ότι θα καταργηθεί το 2001 μετά το dot-com bubble (μαζί με τις χιλιάδες των εταιρειών της φούσκας του internet που έκλεισαν).

Είναι προφανές ότι το βασικό host περιβάλλον της γλώσσας, ο browser -λόγω και του πλουραλισμού των εκδόσεων- δεν ακολουθεί πάντα τις εξελίξεις της γλώσσας, με αποτέλεσμα να υπάρχει πληθώρα από ασυμβατότητες τις οποίες καλούνται να λύσουν βιβλιοθήκες τρίτων (παράδειγμα Babel JS https://babeljs.io/). Οι βιβλιοθήκες αυτές είτε εξετάζουν ποιες function δεν υπάρχουν και τις προσθέτουν ή λειτουργούν ως transpilers μετατρέποντας τον κώδικα στο specification παλαιότερης έκδοσης.

Μερικά ενδιαφέροντα στοιχεία που προστέθηκαν στη γλώσσα στην τελευταία έκδοση:

- **Arrow functions** που μοιάζουν με λάμδα functions δανεισμένες από άλλες γλώσσες όπως η CoffeeScript και ομορφαίνουν το συντακτικό στις περιπτώσεις που χρειαζόμασταν μια ανώνυμη function.
- **κλάσεις** οι οποίες έχουν constructors, getters και setters, **νέες συλλογές** (maps, sets κλπ) από αντικείμενα, **Iterators και generators** για να περιτρέχουμε τις συλλογές με προγραμματιζόμενους τρόπους
- **Promises** για καλύτερη διαχείριση ασύγχρονων λειτουργειών ενώ στην ES8 θα δούμε επιπλέον **Async** functions, Shared memory, Atomics και Shared Array Buffers που θα δώσουν υποστήριξη threading

Η JavaScript είναι από τις λίγες γλώσσες που στοιχεία από δημοφιλής βιβλιοθήκες καταλήγουν να γίνονται μέρος της επόμενης έκδοσης της γλώσσας, εμπλουτίζοντάς την στο διηνεκές.

2.3 Σημαντικοί σταθμοί στην εξέλιξη της JavaScript:

1. Η ανακοίνωση των τεχνολογιών AJAX[69] το Φεβρουάριο του **2005** ως αποτέλεσμα της χρήσης τους σχεδόν ταυτόχρονα από το Gmail[54] (που είχε αρχίσει να κάνει την πρώτη beta εμφάνιση) και το Google Maps (που πρόσφατα είχε εξαγοραστεί από την Google). Η τεχνολογία είχε ξεκινήσει να εμφανίζεται από το 1999 όταν η Microsoft ενσωμάτωσε το XMLHTTP ActiveX control και αμέσως μετά υιοθετήθηκε από τη Mozilla το Safari και την Opera ως XMLHttpRequest. Η τεχνολογία αυτή επέτρεπε τη συμπεριφορά των web σελίδων σα να ήταν κανονικές desktop εφαρμογές δημιουργώντας ένα νέο μοντέλο διασποράς εφαρμογών και πώλησής τους ως υπηρεσία πράγμα που έδωσε μεγάλη ώθηση στο cloud computing.

2. Η εμφάνιση βιβλιοθηκών που επέκτειναν ή διευκόλυναν τη χρήση της γλώσσας ειδικά για την κατασκευή μεγάλων "πλούσιων" εφαρμογών. Πολύ καλό παράδειγμα ήταν η βιβλιοθήκη JQuery που παρουσιάστηκε τον Ιανουάριο του **2006** και χρησιμοποιείται σήμερα στους πιο δημοφιλής ισότοπους (>60% παγκοσμίως) και θα συζητηθεί εκτενέστερα στο κεφάλαιο 3.5

3. Η βελτίωση της ταχύτητας της JavaScript, ειδικά με την παρουσίαση της μηχανής V8 της Google τον Σεπτέμβριο του **2008** που κάνει compile σε κώδικα μηχανής τον κώδικα πριν την εκτέλεσή του αντί να λειτουργεί ως interpreter. Σύμφωνα με τους Financial Times[58] ο Δανός προγραμματιστής Lars Bak θεωρείται η μεγαλοφυΐα πίσω από αυτή τη μηχανή, καθόλου τυχαία, αφού ήταν ο ίδιος που έφτιαξε το 1994 τα virtual machines που έτρεξε η Smalltalk και η Java (την εταιρεία του εξαγόρασε η SUN το 1997 ενώ ο ίδιος ξεκίνησε να εργάζεται για την Google το 2004)[59]

4. Η έλευση το **2009** τεχνολογιών για χρήση της JavaScript <u>σε εκτός browser περιβάλλοντα</u>, αρχικά με το CommonJS[55] και αμέσως αργότερα τον Μάιο με το Node.js[56] του οποία η εκρηκτική εξάπλωση δεν έχει ακόμα σταματήσει.

Ο JavaScript υπολογιστής ESPRUINO PICO μεγέθους 33mm x 15mm με επεξεργαστή 84Mhz ARM Cortex M4, 384kB μνήμη Flash, 96kB RAM και USB

Τον Μάρτιο του **2013** εμφανίστηκε μια νέα βιβλιοθήκη με το όνομα **asm.js** η οποία περιορίζει τη JavaScript σε συγκεκριμένες εντολές που εκτελούνται σχεδόν σε ταχύτητα κώδικα μηχανής. Χάρη στην asm.js αναπτύχθηκε μια νέα γενιά από compilers (αρχικά C και C++) όπου ο εκτελέσιμος κώδικας είναι σε asm.js και ως αποτέλεσμα πολλά μεγάλα projects μετατρέπονται σε JavaScript και εκτελούνται σε πολύ καλές ταχύτητες μέσα στον browser με project σταθμό την μετατροπή της μηχανής Unreal[60] και πολλών Virtual Machines και emulators[61].

Asm.js Compilation & Execution Pipeline

```
function MyMathModule(global) {
    "use asm";
    var exp = global.Math.exp;
    function doubleExp(value) {
        value = +value;
        return +(+exp(+value) * 2.0);
    }
    return { doubleExp: doubleExp };
}
```

παράδειγμα μιας function γραμμένη σε asm.js [96]

Wasm bytecode του παραπάνω παραδείγματος

Τον Ιούνιο του 2015[68] ανακοινώθηκε από τον Brendan Eich[70] ότι η Google, Microsoft, Mozilla και οι μηχανικοί του WebKit συνεργάζονται για τη δημιουργία ενός νέου προτύπου με την ονομασία WebAssembly (βασισμένο στις τεχνολογίες asm.js, simd.js και sharedarraybuffer) που θα φορτώνει στις ιστοσελίδες binary κώδικα precompiled που μετά θα τρέχει με JIT compilation (webassembly.github.io). Η WebAssembly είναι πιθανό να εκτοπίσει την JavaScript στο front end μιας που μια άλλη γλώσσα θα μπορεί πλέον να παράγει κώδικα σε WebAssembly κάνοντας χρήση όμως του API του browser.

Τον Φεβρουάριο του 2017 η Mozilla έδωσε στη δημοσιότητα τον **WebAssembly Explorer** (mbebenita.github.io/WasmExplorer) στον οποίο γράφουμε κώδικα C ή C++ και στην οθόνη βλέπουμε τον κώδικα σε WebAssembly μαζί με την βελτιστοποίηση που πραγματοποιείται. Ένα καλό παράδειγμα της βελτιωμένης ταχύτητας που προσφέρει είναι στο Signal Processing (github.com/shamadee/web-dsp)

Παραδείγματα ορισμένων από τους πάρα πολλούς emulators που υπάρχουν:

- Apple2JS - **Apple II**   (www.scullinsteel.com/apple2)
- pdp11-js - **PDP-11** UNIX V6 emulator   (pdp11.aiju.de)
- PCjs – το αυθεντικό **IBM PC** Model 5150   (www.pcjs.org)
- Virtual x86 - **x86** emulator (github.com/copy/v86) με παραδείγματα για να δούμε στον browser παλιά λειτουργικά και εφαρμογές (πχ Linux 2.6, OpenBSD, Windows 1.01)
- ElkJS - **Acorn Electron** emulator (elkjs.azurewebsites.net)
- **Intel 8080 CPU** Emulator – τρέχει CP/M στον browser (www.tramm.li/i8080)
- JSBeeb - JavaScript **BBC Micro** emulator (bbc.godbolt.org)
- **Visual 6502** - JavaScript simulator της **6502 CPU** (www.visual6502.org/JSSim)
- jor1k - **OpenRISC** OR1K JavaScript emulator που τρέχει Linux στον browser (s-macke.github.io/jor1k)
- JSLinux – PC Emulator που τρέχει Linux (jslinux.org)

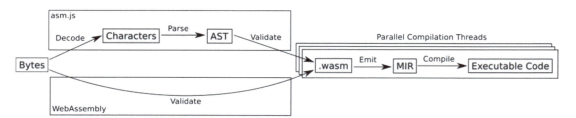

Κεντρικό ρόλο στο χώρο του WebAssembly έχει ο transpiler **Emscripten** (διαθέσιμος στο github.com/kripken/emscripten) που μετατρέπει τον κώδικα της C και της C++ σε asm.js Χρησιμοποιώντας τον Emscripten έγινε και η μετατροπή της μηχανής Unreal 3, Quake 3, Doom, Dune II, Autodesk FormIt, των γλωσσών Python, Ruby, Lua, Perl και άλλων πολύ-διαφημιζόμενων projects. Τον Δεκέμβριο του 2014 το Internet Archive ανακοίνωσε μία έκδοση του emulator DOSBox που φτιάχτηκε με το Emscripten για την εκτέλεση εντός browser εφαρμογών MS-DOS[77] (archive.org/details/softwarelibrary_msdos_games).

Η WebAssembly και το asm.js θα παίξουν σημαντικό ρόλο στο μέλλον ως νέο format διανομής εφαρμογών από το 2017 και μετά. Η πρώτη ανακοίνωση για πειραματική υποστήριξη της WebAssembly στο Chrome έγινε στα μέσα Μαρτίου 2016[84].

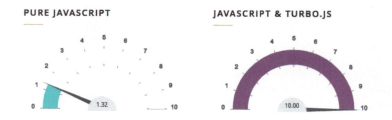

Εκτός από την λύση της WebAssembly για αύξηση της ταχύτητας επεξεργασίας υπάρχει πάντα και η δυνατότητα χρήσης της GPU με θεαματικά αποτελέσματα όπως βλέπουμε στη βιβλιοθήκη **GPU.js** που εκτελεί τις εντολές μέσω WebGL (github.com/gpujs/gpu.js/) και **TURBO.js** (turbo.github.io) με θεαματικά αποτελέσματα (ακόμα και x10, με χρήση ακόμα και σε κινητά τηλέφωνα που έχουν GPU) ενώ για επιτάχυνση γραφικών WebGL υπάρχει το project v8-gl.

2.4 Το φορμάτ JSON

Το φορμάτ JSON (JavaScript Cbject Notation) που αυτή τη στιγμή ξεπερνάει σε δημοτικότητα το XML είναι ο εγγενής τρόπος καταχώρησης δεδομένων στα αντικείμενα της JavaScript. Πήρε την ονομασία JSON από τον Douglas Crockford στις αρχές του 2000 όταν άρχισε να το χρησιμοποιεί για να περάσει την κατάσταση του browser (το state) μεταξύ συνδέσεων http. Ο ίδιος καταχώρησε την ονομασία json.org το 2002, τον Ιούλιο του 2006 έδωσε τα specifications με το RFC 4627 ενώ από τον Οκτώβριο του 2013 το μοντέλο JSON αποτελεί και αυτό στάνταρτ της Ecma International με τον κωδικό ECMA-404[71] και πλέον χρησιμοποιείται σε όλες τις γλώσσες προγραμματισμού για την ανταλλαγή δεδομένων. Ο Douglas Crockford έχει συντελέσει ιδιαιτέρως στην ανάπτυξη της JavaScript καθώς το βιβλίο του " JavaScript: The Good Parts" *θεωρείται η βίβλος της γλώσσας.*

Δείγμα Αντικειμένου JSON

```
var myObject = {
 "first": "John",
 "last": "Doe",
 "age": 39,
 "sex": "M",
 "salary": 70000,
 "registered": true
};
```

Δείγμα Πίνακα JSON

```
var myArray = [
  { "name": "John Doe", "age": 29 },
  { "name": "Anna Smith", "age": 24 },
  { "name": "Peter Jones", "age": 39 }
];
```

Πηγή: www.json.com

Τον Οκτώβριο του 2015 στην OSCON 2015 στο Άμστερνταμ ο Douglas Crockford παρουσίασε μια νέα καινοτομία στο χώρο με την ονομασία **SEIF**. To Seif Project (βρίσκεται κάτω από την τοποθεσία της paypal στο github.com/paypal/seifnode) αποτελεί την αρχή ενός νέου πρωτόκολλου ασφαλής και κρυπτογραφημένης μεταφοράς δεδομένων μέσω JSON το οποίο όπως αναφέρει ο εμπνευστής του θα δώσει ακόμα περισσότερη ώθηση στην διανομή εφαρμογών μέσω web όπως αναφέρθηκε και στην προηγούμενη παράγραφο.

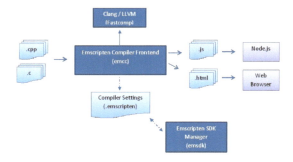

2.5 Γλώσσες που κάνουν "compile" σε JavaScript

Η Google τον Μάιο του **2006** ανακοίνωσε το **GWT** (Google Web Toolkit) ένα toolkit με το οποίο επέτρεπε στους χιλιάδες JAVA προγραμματιστές της να φτιάχνουν JavaScript εφαρμογές για το web. Η συγκεκριμένη τάση έδωσε την ώθηση να φτιαχτούν νέες γλώσσες προγραμματισμού, οι οποίες κάνουν "compile" σε JavaScript, πολλές από τις οποίες θεωρούνται πιο απλές στη σύνταξη και πιο παραγωγικές για τον προγραμματιστή. Μια πλήρης λίστα γλωσσών που έχουν άμεση σχέση (κυρίως κάνουν compile σε JavaScript) υπάρχει στο GitHub[62] (http://goo.gl/nW330g). Θα θέλαμε όμως να κάνουμε μια σύντομη αναφορά στην παράγραφο αυτή σε γλώσσες που αυτή τη στιγμή ανήκουν στο παγκόσμιο hot-spot[63]:

- **Processing (2001)**, μια πολύ ενδιαφέρουσα γλώσσα του πανεπιστημίου MIT με δικό της περιβάλλον IDE που φτιάχτηκε για τον καλλιτεχνικό κόσμο, με αρκετές εντολές για εύκολα γραφικά (2D/3D), ήχο και πάνω από 100 βιβλιοθήκες που την επεκτείνουν. Επιπλέον χαρακτηριστικό, εκτός του ότι κάνει compile σε JavaScript κάνει compile σε Java και βγάζει native android εφαρμογές. Η Processing υπάρχει πλέον και σαν βιβλιοθήκη processingjs.org (δείτε github.com/processing-js/processing-js)
- **Objective-J** (**2008**) είναι μια παραλλαγή της Objective-C της Apple ενώ είναι υπερσύνολο της JavaScript το οποίο σημαίνει ότι ένα πρόγραμμα JavaScript τρέχει ως έχει στην Objective-J, κάτι που συμβαίνει και στην TypeScript. Σε συνδυασμό με το Cappuccino που θα αναφερθεί στο κεφάλαιο 3.5 αποτελεί τη λύση της Apple για δημιουργία εφαρμογών web που συμπεριφέρονται σαν desktop εφαρμογές.
- **CoffeeScript** (Δεκέμβριος του **2009**) πρόκειται για τη πρώτη γλώσσα που κάνει compile σε JavaScript και μπαίνει στο top 100 του δείκτη TIOBE τον Μάρτιο του 2015 (θέση 64 με κάτω από 1%). Ηδη υποστηρίζεται από πολλά IDE χωρίς επεκτάσεις. Σαν γλώσσα δανείζεται πολλά στοιχεία από την Ruby, την Python και την Haskell και είναι σχετικά νέα (Δεκέμβριος του 2009) ενώ ο προγραμματιστής μπορεί να γράψει και JavaScript ταυτόχρονα στον ίδιο κώδικα
- **TypeScript** (Οκτώβριος **2012**) η γλώσσα που έφτιαξε ο δημιουργός της Turbo Pascal, του Delphi και της C# Anders Hejlsberg ο οποίος προσπάθησε (και το κατάφερε) να φτιάξει μια νέα γλώσσα-επέκταση της JavaScript που να προσφέρει κλάσεις, τύπους, modules και interfaces και τελικά να την κάνει μια γλώσσα τύπου Java. Ολο το project

είναι ανοιχτού κώδικα αλλά η σημαντική ώθηση που θα δούμε σύντομα αφορά στην ανακοίνωση που έγινε τον Μάρτιο του 2015[64] και αφορά τη δεύτερη έκδοση της Angular που γράφτηκε με TypeScript. Το Angular όπως θα δούμε στην επόμενη ενότητα αποτελεί το σημαντικότερο και πρώτο σε χρήση framework της JavaScript και η κίνηση αυτή έχει τη δική της σημασία μιας που το Angular ανήκει στην Google η οποία είχε και η ίδια μια δική της επέκταση της JavaScript (και της TypeScript) που ονομαζόταν AtScript (προς τς παρόν εγκαταλειμμένη από τον Μάρτιο του 2015)

- **Opal (2011)** πρόκειται για γλώσσα που μεταφράζει από Ruby (δεν πρέπει να συγχέεται με τη Γερμανική functional γλώσσα Opal Project)
- **Kotlin (2011)** Η γλώσσα της JetBrains (που φτιάχνει και το Android Studio) βγάζει κώδικα JavaScript αλλά και κωδικα bytecode compatible για το VM της Java, κάνοντάς την και την πρώτη επίσημη μη-JAVA γλώσσα για ανάπτυξη εφαρμογών Android.
- **Fable** (F# |> BABEL) είναι μια ενδιαφέρουσα πρόσφατη (2016) προσπάθεια μεταγλώττισης της functiona γλώσσας F# σε JavaScript (fsprojects.github.io/Fable/)
- **Dart** (Νοέμβριος **2013**) άλλη μια γλώσσα της Google από τον Lars Bak και τον Kasper Lund την οποία η Google ήθελε να κάνει μέρος του ίδιου του Chrome browser της και η οποία έχει τον δικό της dart2js JavaScript compiler. Η ίδια η γλώσσα είναι επηρεασμένη από τις C, C#, Java, διαθέτει συντακτικό που μοιάζει στην ALGOL ενώ έχει επιρροές και από την Smalltalk. Παρότι κανένας άλλος browser δεν είναι θετικός στην υιοθεσία της γλώσσας, ο κώδικάς της τρέχει στο 78% της ταχύτητας που θα έτρεχε μια καθαρογραμμένη JavaScript ενώ στο πειραματικό περιβάλλον του Chrome τρέχει 21% ταχύτερα από τον αντίστοιχο κώδικα στη μηχανή V8. Τον Οκτώβριο του 2016 η γλώσσα έκανε την επανεμφάνισή της με strong types και μια παραλλαγή της Angular με την ονομασία AngularDart 2.0 με την Google να δηλώνει ότι η γλώσσα χρησιμοποιείται σε πολλά νέα projects. Μια αντίστοιχη κίνηση έχει γίνει πάντως και από τον οργανισμό Mozilla με τη γλώσσα Sweet.js
- Στα βήματα της TypeScrip και της Dart και της AtScript υπάρχουν και άλλα πειραματικά project που δ.νουν type safety στη JavaScript, όπως τα πρόσφατα **SoundScript** (2015, Google), **JS++** (2016, Onux) και **Flow** (2014, Facebook)

Φυσικά για τους λάτρεις των παλαιότερων γλωσσών, για όλες οι σημαντικές γλώσσες των τελευταίων ετών (C/C++, BASIC, LISP, PASCAL, PERL, JAVA, PYTHON) υπάρχουν μεταφραστές σε JavaScript, ακόμα και για COBOL https://github.com/ajlopez/CobolScript. Από τα πιο πρόσφατα project το JavaPoly.js (βασισμένο στο doppiojvm.org) είναι ένα κανονικό Java Virtual Machine σε JavaScript που τρέχει εντός του browser. Ενας μεγάλος κατάλογος από γλώσσες που κάνουν compile ή επεκτείνουν την JavaScript βρίσκεται στο github.com/jashkenas/coffeescript/wiki/list-of-languages-that-compile-to-js

Τέλος πρέπει να σημειωθεί ότι η σημαντικότερη σήμερα εξέλιξη συμβαίνει πάνω στον μεταγλωττιστή **emscripten** (github.com/kripken/emscripten) ο οποίος παίρνει τον κώδικα από το LLVM της C/C++ και τον μετατρέπει σε JavaScript. Πάνω σε αυτές τις τεχνολογίες γεννήθηκε η web assembly που προαναφέρθηκε ενώ επίσης χρησιμοποιείται από τους μεταγλωττιστές της Lua, Dao, mruby, Python, Ruby, Perl (δείτε github.com/kripken/emscripten/wiki/Porting-Examples-and-Demos)

2.5.1 Functional Programming στην JavaScript

Όπως είπαμε και στο ιστορικό της γλώσσας (2.1) όταν ο Brendan Eich ξεκίνησε στη Netscape, ο σκοπός του ήταν να φτιάξει μια γλώσσα αντίστοιχη της Scheme. Ετσι η γλώσσα έχει ως βάση της χαρακτηριστικά από συναρτησιακές γλώσσες. Στην αντίστοιχη περιοχή awesome του github (github.com/stoeffel/awesome-fp-js) υπάρχει ένας πλήρης κατάλογος από βιβλιοθήκες που επιτρέπουν την εξερεύνηση στον συναρτησιακό προγραμματισμό χρησιμοποιώντας την JavaScript. Ενδεικτικά θα αναφέρουμε ότι οι πιο δημοφιλής βιβλιοθήκες για το σκοπό αυτό είναι η Ramda, ενώ όπως προαναφέραμε, αρκετές functional γλώσσες κάνουν compile σε JavaScript (πχ Scala.js και ClojureScript)

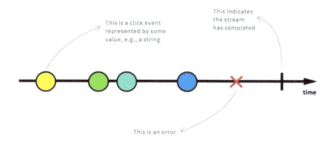

2.5.2 Reactive Programming στην JavaScript

Μια ελεύθερη μετάφραση για το Reactive Programming είναι αντιδραστικός. Πρόκειται για έναν νέο συναρτησιακό τρόπο σκέψης που για να τον καταλάβουμε, καλύτερα θα ήταν να επισκεφθούμε τον ιστότοπο rxmarbles.com Πιο γνωστή βιβλιοθήκη που όμως δεν περιορίζεται στην JavaScript είναι η RxJS (github.com/Reactive-Extensions/RxJS) η οποία βασίζεται στο reactivex.io και η CycleJS (github.com/cyclejs/cyclejs). Γενικά στη λογική του Rx γραφόμαστε «συνδρομητές» σε μία μεταβλητή ή πχ σε ένα event. Στην περίπτωση αυτή οι function μας εκτελούνται μόνο όταν οι μεταβλητές που παρακολουθούμε (observables) αλλάζουν. Τη λογική αυτή ενσωματώνουν αρκετά frameworks (Angular 2, Meteor κ.α.) Ας δούμε το πιο απλό παράδειγμα για το πώς «ακούμε» το κλικ σε ένα button:

```javascript
var button = document.querySelector('button');
Rx.Observable.fromEvent(button, 'click')
  .subscribe(() => console.log('Clicked!'));
```

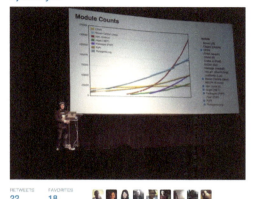

2.6 Full Stack JavaScript και ο ρόλος του Node

Η ιδέα του να τρέχει η JavaScript σε περιβάλλον εκτός browser (όπου δεν υπάρχει το DOM) ξεκίνησε από το Δεκέμβριο του 1995 όταν η Netscape παρουσίασε τον Enterprise Server 2.0[72]. Όμως η μεγάλη ώθηση στην ιδέα ήρθε σχεδόν 15 χρόνια μετά, το **2009**, όταν δημιουργήθηκε το project Server_S (το οποίο μετονομάστηκε σε CommonJS) που είναι ένα σετ από τεχνολογίες που ορίζουν πως θα λειτουργεί η JavaScript από την πλευρά του server. Από το project αυτό γεννήθηκαν διάφορες εφαρμογές, μερικές από τις οποίες θα παρουσιαστούν στο επόμενο κεφάλαιο 3.6 όπως οι βάσεις CouchDB, MongoDB και η Wakanda.

Την ίδια εποχή η Google παρουσίαζε τον δικό της browser Chrome με τη νέα της μηχανή V8 (Σεπτέμβριο του 2008, https://code.google.com/p/v8/), η οποία βελτίωνε θεαματικά την ταχύτητα εκτέλεσης εφαρμογών JavaScript.

Αρχες του 2009 ο μαθηματικός Ryan Dahl ο οποίος έφτιαχνε modules για τον **NGINX** webserver έψαχνε τρόπο για να φτιάξει ένα σύστημα που θα απαντούσε σε http ερωτήματα χωρίς να περιμένει το αποθηκευτικό μέσο να απαντήσει (το σκληρό δίσκο). Πρόκειται για το σημαντικότερο πρόβλημα που κάνει αργούς τους web servers, και η απλούστερη λύση που βρήκε ήταν η JavaScript με τα events που εκτελούνται ασύγχρονα.

Όπως ο ίδιος ανέφερε στην παρουσίαση του Node.js τον Νοέμβριο του **2009** (youtu.be/ztspvPYybIY) ο σκοπός του ήταν να τρέχει non-blocking κώδικας, δηλαδή το πρόγραμμα να μη σταματά περιμένοντας τα δεδομένα να έρθουν από το αργό μέσο, και έτσι ο web server να απαντά άμεσα στο χρήστη. Όπως ο ίδιος ανέφερε[73] «αρχικά δεν ήθελα να χρησιμοποιήσω JavaScript, εκείνη την εποχή παρουσιάστηκε η V8 και είχα μια μάλλον ξαφνική επιφοίτηση ότι η Javascript ήταν η τέλεια γλώσσα για αυτό που ήθελα».

Η δημιουργία του Nodejs και του npm (node package manager) που διαχειρίζεται τις βιβλιοθήκες που φτιάχνονται για το node υπήρξε μια πραγματική επανάσταση:

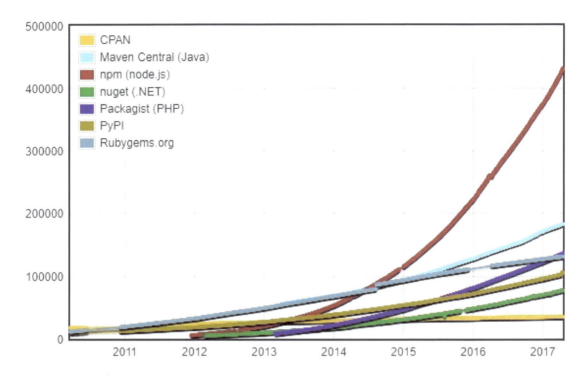

Με 400 χιλιάδες βιβλιοθήκες (Απρίλιος 2017) και περισσότερα από **2 δισεκατομμύρια** downloads το μήνα αποτελεί τη δημοφιλέστερη πλατφόρμα ανάπτυξης εφαρμογών στην πλευρά του server δημιουργώντας μια νέα κατηγορία προγραμματιστών «full stack» που κατανοούν και αναπτύσσουν σε όλο το εύρος της υποδομής: στο front end με JavaScript, στον server με Node (JavaScript) και με βάσεις δεδομένων που αποθηκεύουν δεδομένα και μοντέλα σε JSON. Η τελευταία εξέλιξη με την παρουσίαση του Browserify (**2011**) είναι να μετατρέπονται οι βιβλιοθήκες του node για εκτέλεση στον browser. Εφαρμογές Javascript που τρέχουν είτε στον browser είτε στον server το τελευταίο διάστημα ονομάζονται ισομορφικές (Isomorphic JavaScript).

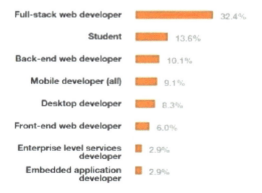

Το 2011 ήταν και το έτος που το LinkedIn στήριξε όλη τη **mobile** εφαρμογή του στο Node. Ενώ μεγαλύτερη στροφή εταιρείας στο Node.js έχει κάνει το PayPal δεδομένης και της πρόσληψης του Douglas Crockford το 2012.

Το 2015 πάνω από 32% των θέσεων εργασίας (22148 απαντήσεις στο stackoverflow) ζητούσαν full stack web developer με λιγότερο από 18% για προγραμματιστές για mobile και desktop εφαρμογές.

Το αποτέλεσμα της ανάπτυξης του οικοσυστήματος του NodeJS στο GitHub

	Language	Active Repositories		Language	Active Repositories
1	JavaScript	323,933	6	Ruby	132,848
2	Java	222,852	7	C++	86,505
3	Python	164,852	8	C	73,075
4	CSS	164,585	9	Shell	65,670
5	PHP	138,771	10	C#	56,062

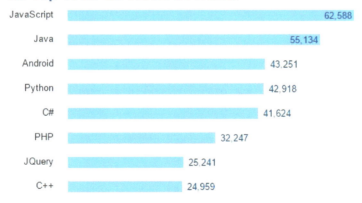

(πηγή githut.info)

Σύμφωνα με τα επίσημα αποτελέσματα του Developer Survey του 2016 στο StackOverflow[85], ανάμεσα σε 56 χιλιάδες προγραμματιστές από 173 χώρες, το 28% δηλώνει Full Stack developers, εκ των οποίων το 85% σε JavaScript με 2η γλώσσα να έρχεται η C# και η PHP με λιγότερο από 37%, ενώ 27% καταλαμβάνει από μόνο του το Node. Η JavaScript είναι η πιο δημοφιλής γλώσσα στο StackOverflow με 55% (36% η Java, 30% η C#, 25% η PHP και η Python) ενώ το framework React είναι η τεχνολογία με τη μεγαλύτερη άνοδο (311%) από το 2015

III. Top Tech on Stack Overflow

JavaScript	62,588
Java	55,134
Android	43,251
Python	42,918
C#	41,624
PHP	32,247
JQuery	25,241
C++	24,959

Φωτογραφία του OS.js το Νοέμβριο του 2014

2.6.1 NodeOS

Δεδομένης της γεωμετρικής εξάπλωσης του NodeJS, είναι εύκολο να υποθέσουμε ότι ένα λειτουργικό σύστημα θα εμφανιζόταν βασισμένο στο Node ώστε να εκμεταλλευτεί τις χιλιάδες βιβλιοθήκες του npm. Ετσι τον Ιούλιο του 2013 ο Jacob Groundwater ξεκίνησε το NodeOS (github.com/NodeOS) χρησιμοποιώντας τον πυρήνα του linux ενώ στα τέλη του 2014 ο Sergii Iefremov ξεκίνησε την ανάπτυξη του Runtime.JS (github.com/runtimejs) το οποίο αναμένεται να γίνει το kernel του NodeOS στο μέλλον. Το μόνο κομμάτι του πυρήνα που είναι γραμμένο σε C++ είναι αυτό που χρειάζεται προσπέλαση στον επεξεργαστή, τη μνήμη και τη μηχανή V8. Παρόμοιο αλλά υπό κατασκευή project είναι και το runtime.js (github.com/runtimejs/runtime) το οποίο οι προγραμματιστές παρουσιάζουν ως λειτουργικό σύστημα για το cloud με προς το παρόν υποστήριξη μόνο για το KVM (www.linux-kvm.org)

2.6.2 OS.js

Αντίθετα με το NodeOS ένα πιο παλιό project, από τον Νοέμβριο του 2011 με την αρχική ονομασία desktop.js φιλοδοξούσε να γίνει ένα ακόμα λειτουργικό σύστημα που τρέχει μέσα στον browser.
Στην σημερινή του μορφή το OS.js του Νορβηγού Anders Evenrud βρίσκεται στο github.com/andersevenrud/OS.js-v2 όταν ξαναγράφτηκε από την αρχή δύο χρόνια αργότερα, τον Νοέμβριο του 2013. Τον Ιούλιο του 2015 ο προγραμματιστής έφτιαξε έναν δικό του Google Mail client ο οποίος τρέχει μέσα στο web λειτουργικό. Στο github υπάρχει

και ο κώδικας (Node) για να τρέξει το λειτουργικό στο Arduino Yun των 75 ευρώ, με βάση το linux και την MySQL για authentication. Στο εκτενές documentation υπάρχει API για client (os.js.org/doc/client) και server (os.js.org/doc/server).

Παρόμοια ενδιαφέροντα αλλά commercial projects είναι τα zeropc.com και webtop της Πορτογαλλικής Innovate (*wtdemo.inovamatic.com*) ενώ ένα ακόμα concept είναι το JavaScript OS (www.skylightproject.com/pages/javascript-os-392.htm)

2.7 Internet Of Things

Ένα open source project της Samsung με την ονομασία IoT.js απευθύνεται σε όσους θέλουν να γράψουν με JavaScript σε συσκευές με περιορισμένη μνήμη και επεξεργαστική ισχύ. Η πλατφόρμα (samsung.github.io/iotjs/) χρησιμοποιεί μια πολύ μικρή JavaScript μηχανή (χωράει σε μόλις 200KB ROM, με ανάγκες μικρότερες από 64KB RAM) που η Samsung ονομάζει **JerryScript** (github.com/Samsung/jerryscript). Παρόλα αυτά από ότι αναφέρει η ίδια η Samsung[87] το περιβάλλον είναι συμβατό με Node καθώς ακολουθεί το specification CommonJS.

Το IoT.js ήδη τρέχει στα λειτουργικά Linux και NuttX (realtime) σε πλακέτες Raspberry Pi και STM32F4DISCOVERY της STMicroelectronics.

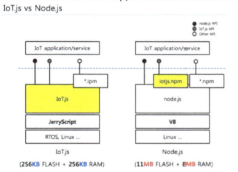

Ένα παρόμοιο project έχει ξεκινήσει και η Microsoft (με τη νέα μηχανή της Chakra) για το Windows 10 IoT, υιοθετώντας όμως το Node σε επεξεργαστές ARM[88]. Άλλο ένα επίσης ενδιαφέρον project της Espruino (κατηγορίας Physical Web / Beacon) είναι το Puck.js (50 ευρώ, φωτογραφία δεξιά) με ενσωματωμένη JavaScript, Web Bluetooth Smart 5.0 χαμηλής ενέργειας με εμβέλεια 80 μέτρα, NFC, 64kB RAM/512kB Flash, αισθητήρα θερμοκρασίας, φωτός, μαγνητόμετρο, πυξίδα, ενώ εκπέμπει πακέτα στις κοντινές συμβατές συσκευές (iPhone, Android κλπ) ανοίγοντας ένα νέο κόσμο εφαρμογών.

Αριστερά βλέπουμε το **Particle Photon** (20 ευρώ) το οποίο επικοινωνεί με WiFi και USB, περιέχει ένα SoC με ARM (Cortex M3) στα 120MHz, 1MB μνήμης flash και 128KB RAM (από παρουσίαση στο auth0.com/blog/javascript-for-microcontrollers-and-iot-part-1)

2.8 Physical Web

Εχοντας κάνει κάποιες δοκιμές με το Puck.js ήρθαμε πρώτη φορά σε επαφή με το Physical Web (google.github.io/physical-web/) όπως το ονομάζει η Google. Στην ουσία πρόκειται για interface στον browser με μια ήδη συνδεδεμένη BLE (bluetooth low energy) ή "Bluetooth SMART" συσκευή. Οι τεχνολογίες αυτές πρωτοπαρουσιάστηκαν από την NOKIA το 2006 με την ονομασία Wibree. Η δυνατότητα της επαφής με BLE συσκευές υπάρχει επίσημα στον Chrome από την έκδοση 56 και μετά (δοκιμαστικά από 44) και λειτουργεί πολύ καλά στα νέα (2016) κινητά με Android ενώ λειτουργεί σχετικά καλά και σε PC. Ο λόγος είναι ότι απαιτείται η συσκευή που τρέχει τον browser να έχει υποστήριξη Bluetooth version 4 ή νεότερη. Το αντίστοιχο project στην Mozilla λέγεται Project Magnet (github.com/mozilla-magnet) στο οποίο όμως εξελίσσεται με αργούς ρυθμούς. Επίσης έχει δημιουργηθεί community (webbluetoothcg.github.io/web-bluetooth) το οποίο παρακολουθεί και καταγράφει specifications για το Web Bluetooth.

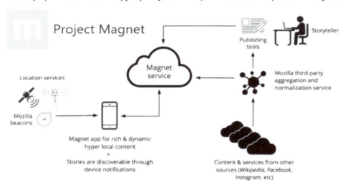

Μια συσκευή Bluetooth BLE καταναλώνει πολύ λίγο ρεύμα και μπορεί υπό συνθήκες να είναι ανοιχτή μέχρι και ένα χρόνο με μια μικρή μπαταρία. Οι αποστάσεις που εκπέμπουν σήμα μπορούν να φτάσουν τα 50 μέτρα σε ελεύθερο χώρο. Εγιναν πολύ γνωστές το 2013 όταν η Apple παρουσίασε τα iBeacons που απλά εκπέμπουν συγκεκριμένες πληροφορίες ενώ σήμερα οι πιο διαδεδομένες συσκευές BLE είναι συσκευές που φοριούνται στο χέρι για να μετράνε την αρτηριακή πίεση, το βηματισμό κλπ γνωστά και ως Fitness Trackers ενώ επίσης κυκλοφορούν πολλές λάμπες LED αλλά και εκτυπωτές POS με συνδεσιμότητα BLE.

Χρησιμοποιώντας το Physical Web η ιστοσελίδα που κοιτάμε μπορεί να επικοινωνήσει απευθείας με τη smart συσκευή και να μεταφέρει τις πληροφορίες στο backend.

2.9 JavaScript Robotics

Όπως είδαμε στην προηγούμενη παράγραφο υπάρχουν frameworks για IoT. Ένα βήμα παραπέρα όμως προχωρούν οι βιβλιοθήκες Johnny-Five (github.com/rwaldron/johnny-five) και Cylon.js (cylonjs.com) που απευθύνονται σε ρομποτικές συσκευές. Η Cylon μάλιστα υποστηρίζει 43 πλατφόρμες (cylonjs.com) που περιλαμβάνουν από λάμπες μέχρι μικρά ρομποτάκια

```javascript
var Cylon = require('cylon');
Cylon.robot({
  connections: { bluetooth: {adaptor: 'central', uuid: 'd03972a24e55',
  module: 'cylon-ble'}},  devices: {mip: {driver: 'mip'}},  work:
function(my) {
    my.mip.setHeadLED(2, 2, 2, 2);
    after((2).seconds(), function() {
      my.mip.driveDistance(0, 10, 0, 0);
    });
    after((3).seconds(), function() {
      my.mip.setHeadLED(1, 1, 1, 1);
    });  }
}).start();
```

Μια κίνηση που εμφανίστηκε πρόσφατα είναι η **nodebots.io** που ουσιαστικά βασίζεται στο node.js και την Johnny Five (kit διαθέσιμο από www.sparkfun.com/j5ik)

Μερικά ενδιαφέροντα project σε node με robotics είναι: drones που χαρτογραφούν (skycatch. com), μηχανισμός αυτόματης διάθεσης τροφής σε κατοικίδια (github.com/rachelnicole/robokitty), ρομποτική ζωγραφική (github.com/rockbot/artbot) και A.I. (github.com/rockbot/vector δείτε youtu.be/JKumEFyOvuI) κ.α.

2.10 Πρωτόκολλο Ηλεκτρονικών Συναλλαγών (Interledger Protocol)

Πρόκειται για μια νέα προσπάθεια (2015) από τους Stefan Thomas, Evan Schwartz και Adrian Hope-bailie, να δημιουργηθεί ένα νέο πρωτόκολλο με την υποστήριξη του W3C για να γίνονται ηλεκτρονικές συναλλαγές μεταξύ λογαριασμών[101] με ασφαλή τρόπο ασχέτως ποιος οργανισμός παρεμβάλλεται ή ποιο νόμισμα χρησιμοποιείται.

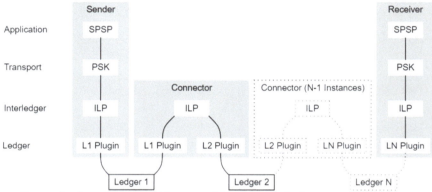

Η τεχνολογία από τον Οκτώβριο του 2016 αποτελεί μέρος του JS Foundation

Παράδειγμα αποστολής χρημάτων από interledger.org και github.com/interledgerjs/ilp

```
import WalletClient from 'five-bells-wallet-client'

const client = new WalletClient({
  username: 'alice@red.ilpdemo.org',
  password: 'secret'
})

setInterval(() => {
  client.send({
    destination: 'bob@blue.ilpdemo.org',
    destinationAmount: '0.01',
    message: 'Still love you!'
  })
}, 1500)
```

2.11 JavaScript Frameworks

Όπως περιγράψαμε και στην αρχή της ενότητας, η εκρηκτική άνοδος στη χρήση της JavaScript οφείλεται ιδίως στα JavaScript frameworks. Τα frameworks στην JavaScript είναι κάτι παραπάνω από βιβλιοθήκες που επεκτείνουν τη χρήση της γλώσσας. *Σε πολλές περιπτώσεις αλλάζουν την ίδια τη γλώσσα, τον τρόπο προγραμματισμού, τη χρήση design patterns*, τον τρόπο διαμόρφωσης των CSS αλλά και του DOM και σε μερικές περιπτώσεις φέρνουν την JavaScript πιο κοντά στην Java ή άλλες γλώσσες προγραμματισμού όπως γίνεται σε μεγάλο βαθμό πλέον με το γνωστότερο framework *Angular*. Μπορούμε να πούμε ότι η JavaScript εξελίσσεται ως γλώσσα και εξαιτίας των βιβλιοθηκών που δημιουργούνται για τη γλώσσα.

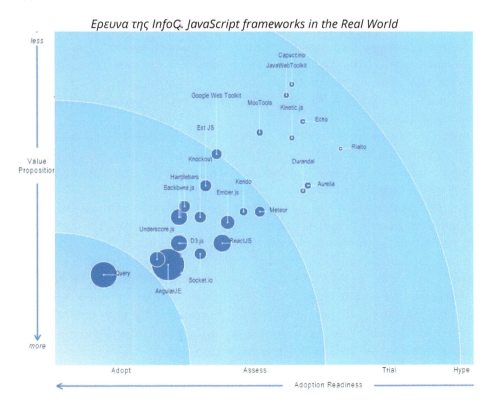

Έρευνα της InfoQ. JavaScript frameworks in the Real World

Για την καλύτερη κατανόηση της τρέχουσας κατάστασης θα θέλαμε να αναφέρουμε την online έρευνα που επαναλήφθηκε μετά από 2 χρόνια στον ιστότοπο InfoQ[65] με συμμετοχή 586 προγραμματιστών (μέσα Ιουνίου του 2015) ως προς την αξία χρήσης και το βαθμό της υιοθεσίας τους. Όπως βλέπουμε και από το γράφημα (και τα στατιστικά στο τέλος της παραγράφου) το πιο δημοφιλές Framework είναι το Angular. Ωστόσο τις μέρες που γράφεται αυτή η εργασία το framework που απολαμβάνει της μέγιστης προσοχής των προγραμματιστών είναι το ReactJS (ανάπτυξη >40% από μήνα σε μήνα).

Σε αυτό το σημείο είναι σκόπιμο να κάνουμε μια σύντομη περιγραφή των πιο δημοφιλών παγκοσμίως Frameworks:

- **Express**: θεωρείται η βάση για όσους θέλουν να ξεκινήσουν με το Node για να φτιάχνουν εφαρμογές στο λεγόμενο MEAN stack (κεφάλαιο 3.7)
- **jQuery**: ίσως η πιο διαδεδομένη βιβλιοθήκη στο internet αυτή τη στιγμή, αφού χρησιμοποιείται από όλους τους προγραμματιστές web εφαρμογών ανεξαρτήτως της γλώσσας στον server. Είναι από τις πρώτες βιβλιοθήκες (Αύγουστος 2006) που χρησιμοποίησαν την τεχνολογία AJAX για να απλοποιήσουν διαδικασίες.
- **AngularJS**: Πρωτοεμφανίστηκε το 2009 από την Brat Tech η οποία εξαγοράστηκε από την Google η οποία συνεχίζει να το εξελίσσει μάλιστα σε συνεργασία με την Microsoft αφού η νέα έκδοσή του κάνει χρήση της TypeScript. Για το 2015 είναι το πιο δημοφιλές framework για ανάπτυξη εφαρμογών τύπου MVC σε JavaScript, ενώ η νέα του έκδοση 2.0 στηρίζεται ιδιαίτερα και από την Microsoft καθώς είναι γραμμένη κυρίως σε TypeScript που είναι γλώσσα της Microsoft όπως αναφέρθηκε παραπάνω. Εκτός του ότι είναι το πιο δημοφιλές framework σε χρήση σήμερα, το Angular είναι με μέρος του MEAN stack που θα αναφερθεί περισσότερο στο επόμενο κεφάλαιο.
- **Aurelia:** Φτιαγμένο από τον Rob Eisenberg της εταιρείας Durandal το 2014-2015, ο οποίος ήταν μέλος της ομάδας ανάπτυξης της Angular. Όπως είχε δηλώσει ο ίδιος[97] θεώρησε ότι η Angular γίνεται πολύ "βαριά". Η έκδοση 1.0 εμφανίστηκε επίσημα τέλη Ιουλίου του 2016
- **Ember.js**: Πρωτοεμφανίστηκε το 2007 από τον Yehuda Katz και σύντομα υιοθετήθηκε από τη Yahoo και το Groupon. Θεωρείται ανταγωνιστικό της Angular για δημιουργία εφαρμογών τύπου MVC ενώ η 2η έκδοσή του εμφανίστηκε μόλις τον Αύγουστο του 2015 έχοντας αρκετές ομοιότητες με το React.
- **ReactJS**: Πρόσφατο (2013) δημιούργημα του Facebook που αφορά κυρίως το View κομμάτι (γρήγορο manipulation μέσω ενός Virtual DOM), στηρίζει εκτός από το δημοφιλέστερο κοινωνικό δίκτυο και το Instagram της ίδιας εταιρείας, τα Netflix και AirBNB. Σημαντική εξέλιξη ότι το Yahoo εγκαταλείπει το δικό του framework (YUI) και αρχικά για το Yahoo Mail αγκαλιάζει το React (Subramanyan Murali, Engineering Manager του Yahoo, Σεπτέμβριος 2014). Συνδυάζεται με άλλα frameworks για το MVC κομμάτι, με υλοποιήσεις μαζί με το Angular, το Backbone και άλλα παρότι το ίδιο το Facebook προτείνει ένα νέο μοντέλο ανάπτυξης με την ονομασία Flux για αντικαταστάτη του MVC. Είναι σημαντικό να αναφέρουμε ότι ήδη τώρα που γράφονται αυτές οι γραμμές, το React στο github έχει 46000 αστέρια σε σχέση με τα 14000 της Angular, 34000 του Meteor, 16000 του Ember, 26000 του Express, και είναι το 6ο πιο σημαντικό project σε όλο το GitHub. Το ReactJS εισάγει μια νέα μορφή

αρχείων (JSX) αποσυνδέοντας τη JavaScript από το HTML που πλέον παράγεται από αυτό (περισσότερα στο JSX in Depth: **goo.gl/52xYb5**). Το React είναι ήδη κομμάτι αρκετών μεγαλύτερων framework σε μόλις 3 χρόνια, ενώ *αποτελεί κεντρικό κομμάτι του ReactNative που χρησιμοποιεί το Facebook για την ανάπτυξη των mobile εφαρμογών του.*

- **NextJS**: πρόσφατο framework με μεγάλη αποδοχή, για δημιουργία εφαρμογών με React στο backend (Server Side Rendering). Το κύριο προϊόν της εταιρείας (**Zeit**) είναι το **Now** που υπόσχεται την μεταφορά μιας εφαρμογής node στο cloud με μία μόλις εντολή 'now'.

- **Meteor**: Ένα πολλά υποσχόμενο framework βασισμένο στο Node.js και την MongoDB. Βασικό χαρακτηριστικό της, η reactive σχέση browser και server. Στον browser υπάρχει μια μικρή βάση δεδομένων που συνεχώς συγχρονίζεται με την βάση δεδομένων στον server με αποτέλεσμα πολλά ανοιχτά site να δείχνουν άμεσα τις αλλαγές που προέρχονται από τα συνδεμένα site. Με το Meteor θα ασχοληθούμε περισσότερο στο κεφάλαιο 4

- **Meatier**: αποτελεί το παράδειγμα ενός project που εμπνεύστηκε από το Meteor (αρκετά πρόσφατο, 2016) αντικαθιστώντας τα βασικά components από άλλα πιο πρόσφατα αλλά όχι τόσο διαδεδομένα ακόμα. Για παράδειγμα χρησιμοποιεί την RethinkDB αντί την MongoDB, το GraphQL και το React (του Facebook) αντί τα Collections και το Blaze κλπ. Η αναφορά γίνεται κυρίως για να δείξουμε ότι όλο και περισσότερα frameworks θα εστιάζουν πλέον σε λογικές *reactive*, δηλαδή site που είναι συνεχώς online και διαμορφώνονται δυναμικά χωρίς να γίνεται ποτέ refresh μια σελίδα.

- **VUE**: πρόκειται για νέο (Φεβρουάριος 2014) αλλά γρήγορα ανερχόμενο templating framework εναλλακτικό του react (για front end UI) με στοιχεία reactivity, routing, modules κλπ. Γραμμένο από τον Evan You πρώην προγραμματιστή του Meteor, με την έκδοση 2 (2016) η χρήση του εκτοξεύτηκε.

- **Knockout**: ένα ακόμα δημοφιλές framework που ξεκίνησε το 2010 από τον Steve Sanderson, υπάλληλο της Microsoft, για να υιοθετήσει το μοντέλο ανάπτυξης MVVM στην JavaScript.

- **Backbone.js και Underscore.js**: Με κύρια συνεισφορά από τον Jeremy Ashkenas, τον σχεδιαστή της γλώσσας CoffeeScript. Το backbone ξεκίνησε το 2010 (είναι βασικό στοιχείο του WordPress, 75 εκατομμύρια sites βασίζονται σε αυτό) με μοντέλο ανάπτυξης MVP και Actor, ενώ το underscore αποτελεί κυρίως μια βιβλιοθήκη με functions που εκτελούν διάφορες λειτουργίες, επεκτείνοντας τη γλώσσα. Μη ξεχνάμε ότι η JavaScript θεωρείται και functional γλώσσα. Μαζί με το **Prototype.js** θεωρούνται οι σημαντικότερες βιβλιοθήκες με χρήση περισσότερη από το 5% όλων των sites παγκοσμίως.

- **Socket.IO**: πρόκειται για δύο βιβλιοθήκες, μία στον browser και μία στον server, που επιτρέπουν την μεταξύ τους επικοινωνία για *realtime* εφαρμογές με κλασικό παράδειγμα το chat.

- **Capuccino**: η βιβλιοθήκη της Apple για ανάπτυξη web εφαρμογών που θα συμπεριφέρονται όπως οι αντίστοιχες desktop Mac OS X εφαρμογές. Η Apple την συνδυάζει με τη δική της γλώσσα Objective-J (class-based) η οποία κάνει compile σε JavaScript.

- **D3.js**: είναι *η δημοφιλέστερη* JavaScript βιβλιοθήκη για παραγωγή στατιστικών (και όχι μόνο) γραφημάτων στο Internet ενώ αποτελεί και βάση για άλλες βιβλιοθήκες γραφικών. Χρησιμοποιείται στο front end ανεξαρτήτως της γλώσσας στο backend. Η ανάπτυξη της ξεκίνησε το 2011 στο Stanford βασισμένη σε προηγούμενη δουλειά του 2009 για τη βιβλιοθήκη Protovis που επίσης είχε βασιστεί σε προηγούμενη δουλειά του καθηγητή τους Jeff Herr το 2005 όταν σχεδίαζε το Prefuse (για τον κόσμο της Java).
- **Ext JS**: πρόκειται για framework στο οποίο βασίζονται πάρα πολλές εφαρμογές τύπου LOB (line of business) σε επιχειρηματικά περιβάλλοντα, δηλαδή πολλές φόρμες με πολλές διαδικασίες. Το Ext JS είχε ξεκινήσει το 2007 ως βιβλιοθήκη-επέκταση του YUI, του βασικού framework του Yahoo του οποίου η εξέλιξη σταμάτησε το 2014.
- **Handlebars**: ξεκίνησε από τον Yehuda Katz του Ember.js ως ένα σύστημα για templating στο front end και χρησιμοποιείται τόσο από το ember όσο και από άλλα frameworks όπως το meteor και το derby.
- **Konva:** βασισμένο στο **Kinetic.js** που έπαψε να εξελίσεται στα τέλη του 2014, πρόκειται για βιβλιοθήκη στην οποία στηρίζονται άλλες βιβλιοθήκες για animation
- **Kendo UI**: της πολύ γνωστής εταιρείας Telerik. Μια βιβλιοθήκη με έτοιμα εργαλεία για front end widgets όπως διαγράμματα, λίστες, ημερολόγια, editors, στατιστικά διαγράμματα κλπ η οποία χρησιμοποιείται σε συνδυασμό με πολλές γλώσσες προγραμματισμού στο backend για ανάπτυξη LOB εφαρμογών.
- **MooTools**: σχεδόν παλιά όσο το jQuery (Σεπτέμβριος 2006) αλλά όχι τόσο διαδεδομένη βιβλιοθήκη που διευκολύνει την ανάπτυξη αντικειμενοστραφούς JavaScript με κλάσεις κλπ χωρίς όμως να υπάρχει και το αντίστοιχο του jQueryUI front end interface.
- **Durandal** και **Aurelia:** πρόκειται για frameworks που υποστηρίζουν τρόπους ανάπτυξης MVC, MVP και MVVM σε JavaScript. Πολλοί τα βλέπουν ως αντίπαλους της Angular δεδομένης μάλιστα της ανάπτυξης του Aurelia από τον Rob Eisenberg, ο οποίος ήταν στην ομάδα ανάπτυξης της Angular 2 την οποία εγκατέλειψε κατηγορώντας ότι το project ξέφευγε από τον αρχικό σκοπό.
- **Polymer**: πολλά υποσχόμενο και πολυδιαφημισμένο project της Google που βασίζεται στην τεχνολογία των web components. Λόγω της μη-υποστήριξης από την Microsoft (Internet Explorer, Edge) ενδέχεται η τεχνολογία στο μέλλον να ενσωματωθεί στην Angular. Μαζί με την τεχνολογία αυτή η Google εισήγαγε και το λεγόμενο **Material Design** για το UI κομμάτι.
- **Wakanda**: πρόκειται για το framework της παλιάς (δεκαετία του 80) Γαλλικής εταιρείας 4D που ειδικεύεται σε βάσεις δεδομένων. Παρόμοια με το Polymer χρησιμοποιεί μια αντίστοιχη τεχνολογία των "widgets" τα οποία στην περίπτωση της Wakanda συνδέονται με τη δική της βάση δεδομένων WakandaDB. Η ίδια η βάση απαντάει σε ερωτήματα που έχουν σύνταξη τύπου javascript και όχι SQL.
- **SAP OpenUI5**: Η JavaScript βιβλιοθήκη της SAP (SapUI5) που έγινε πρόσφατα (τέλη 2013) opensource (github.com/SAP/openui5). Είναι βασισμένη κυρίως στο jQuery. Η βιβλιοθήκη προσφέρει πολλά controls και binding με πιο μονολιθικά πρωτόκολλα όπως XML αλλά και OData που η SAP είναι ο μεγαλύτερος υποστηρικτής της.
- **UIFabric**: Η επίσημη UI βιβλιοθήκη της Microsoft (dev.office.com/fabric) για τους developers του Office 365, με μεγάλη έμφαση στο React

(dev.office.com/fabric#/componants) , αλλά και το iOS (dev.office.com/fabric#/fabric-ios) και την Angular (dev.office.com/fabric#/angular-js)

- **Sails**: Γραμμένο πριν 2 χρόνια από τον Mike McNeil και αρκετά παρόμοιο με το Meteor, με τη διαφορά ότι το ORM του υποστηρίζει πολλές βάσεις δεδομένων (MySQL, Mongo, Postegre, Reids) και δυνατότητα να δημιουργεί αυτόματα REST API.
- **Falcor**: Από τα πιο πρόσφατα frameworks ανεπτυγμένο από την εταιρεία Netflix. Η εταιρεία το αναφέρει κυρίως ως middleware ανάμεσα στην εφαρμογή και τη βάση, ουσιαστικά παρουσιάζει μια παραλλαγή του JSON με το όνομα JSON Graph με το οποίο περνάει ερωτήματα προς τη βάση.
- **InfernoJS**: Πολύ πρόσφατη React like βιβλιοθήκη την οποία αναφέρουμε λόγω υποστήριξης από τον δημιουργό της JavaScript Brendan Eich. Η βιβλιοθήκη αγαπήθηκε τόσο πολύ που το Facebook προσέλαβε το δημιουργό της Dominic Gannaway.το Δεκέμβριο του 2016.

Η παραπάνω λίστα καταγράφτηκε όταν γράφτηκε η πρώτη έκδοση του βιβλίου (2015) και συνεχώς ανανεώνεται, καθώς τα frameworks εξελίσσονται με απίστευτους ρυθμούς κυρίως λόγω του τρόπου του open source development (GitHub) και δημιουργούν και το λεγόμενο "JavaScript fatigue" από την κούραση που προκαλεί κάθε επιπλέον νέο framework (δείτε dayssincelastjavascriptframework.com). Ωστόσο η επιλογή ενός από τα παραπάνω αποτελεί στρατηγική επιλογή για μια εταιρεία software καθώς σε μεγάλο βαθμό "δένεται" με αυτό και τις δυνατότητες που προσφέρει.

2.9.1 Αποτελέσματα έρευνας της InfoQ *«JavaScript frameworks in the Real World»*

Framework	Θέση	Θέση 2013	Έτοιμοι να το υιοθετήσουν	Ήταν το 2013	Αξία Πρότασης	Ήταν το 2013	Ψήφοι
AngularJS	1	1	79%	81%	81%	84%	447
jQuery	2		**91%**		83%		363
ReactJS	3		69%		77%		233
Backbone.js	4	2	77%	78%	72%	74%	221
D3.js	5		77%		77%		209
Underscore.js	6		81%		80%		206
Ember.js	7	4	68%	69%	73%	74%	179
Knockout	8	3	73%	74%	72%	73%	154
Handlebars	9		76%		70%		143
Socket.io	10		73%		79%		142
Ext JS	11	5	72%	71%	66%	70%	138
Meteor	12		62%		71%		131
Google Web Toolkit	13		70%		60%		130
Kendo	14	6	65%	64%	71%	73%	90
Aurelia	15	-	53%		66%		78
MooTools	16		62%		56%		72
Durandal	17		54%		67%		62
Capuccino	18		56%		47%		61
Kinetic.js	19		56%		57%		61
JavaWebToolkit	20		57%		49%		58
Echo	21		54%		54%		56
Rialto	22		47%		59%		39

Αν και έχουν περάσει 4 χρόνια από την παραπάνω έρευνα, μπορούμε να καταλάβουμε με μία ματιά ποια εξαφανίζονται (Agility, Epitome, Maria, PlastronJS, rAppid, Sammy, Serenade, soma, Spine, Stapes, CanJS) και ποια θα διατηρηθούν για περισσότερα χρόνια (Angular, jQery κλπ). Το AngularJS παραμένει στην κορυφή παρότι η Google έχει παρουσιάσει και το νέο της (δικό της, όχι αγορασμένο) framework polymer. Το πιο πιθανό είναι σε μερικά χρόνια να έχουν επικρατήσει νέα και ορισμένα από τα παραπάνω να είναι πλέον άγνωστα!

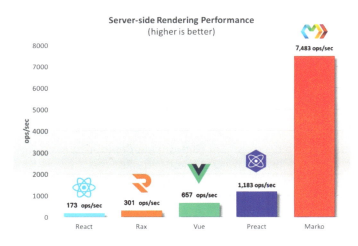

2.12 Σχεδιάζοντας τη σελίδα στον Server

Για όσους δεν κουράστηκαν με τα πολλά frameworks για το front-end, η τάση είναι η σελίδα να σχεδιάζεται πρώτα στο backend (για γρήγορο πρώτο φόρτωμα στο front end) με αντίστοιχα frameworks που αναλαμβάνουν το ρόλο του server side rendering (**SSR**) όπως κάνει πχ το NextJS για το React. Επιπλέον, όπως βλέπουμε και στο παραπάνω γράφημα, κάθε νέα βιβλιοθήκη τύπου React προσπαθεί να πετύχει καλύτερους χρόνους σχεδίασης σε μικρότερο μέγεθος βιβλιοθήκης όπως ηπερίπτωση του Preact και του Marko (η βιβλιοθήκη του Ebay στο github.com/marko-js)

Δημιουργώντας τη σελίδα στο backend και αποθηκεύοντάς την είναι και ένας άλλος τρόπος να εμφανίσουμε ένα στατικό site το οποίο δε θα είναι πια δυναμικό αλλά θα φορτώνει πολύ γρήγορα και με μικρότερο κόστος στην πλευρά του server.

2.13 Βάσεις δεδομένων για την JavaScript

Τίποτα από τα παραπάνω δε θα ήταν ολοκληρωμένο εάν δεν υπήρχε τρόπος να αποθηκευτούν τα αντικείμενα της JavaScript σε κάποιο [μόνιμο] αποθηκευτικό μέσο, δηλαδή μια βάση δεδομένων. Μια από τις πρώτες βάσεις δεδομένων που χρησιμοποίησε την JavaScript ως γλώσσα ερωτημάτων προς τη βάση (μέσω http) ήταν η CouchDB. Αν και η CouchDB είναι γραμμένη σε Erlang τα δεδομένα αποθηκεύονται σε JSON σε μορφή documents χωρίς να υπάρχουν σχέσεις μεταξύ αυτών. Η ανάπτυξη της CouchDB ξεκίνησε το 2005 από τον Damien Katz, πρώην προγραμματιστής του Lotus Notes που (ως Lotus Domino) ήταν από τις πιο χρησιμοποιημένες document databases στο κόσμο.

Παρακάτω βλέπουμε μια μικρή λίστα (από τις πάνω από 150) βάσεις δεδομένων που κατά κύριο λόγω λειτουργούν χρησιμοποιώντας το φορμάτ JSON και έχουν ευρεία χρήση στο backend των εφαρμογών του web χωρίς απαραίτητα αυτές να έχουν γραφτεί σε JavaScript

- **MongoDB**: γραμμένη σε C και C++ θεωρείται στις μέρες μας το ανάλογο της βάσης MySQL για την PHP. Εκτός του ότι αποθηκεύει documents με τη μορφή JSON (αναφέρονται ως BSON) τα ερωτήματα προς τη βάση έχουν και αυτά μορφή JavaScript όπως πχ
    - ```
      db.inventory.find( { 'producer.company': 'ABC123' } )
      ```
  Για τις ανάγκες του Meteor γράφτηκε σε JavaScript μια μικρή εκδοχή της Mongo με την ονομασία MiniMongo η οποία χρησιμοποιείται ως in-memory database στην πλευρά του browser. Η Mongo όπως θα δούμε και παρακάτω διαδραματίζει πλέον πολύ σημαντικό ρόλο σε σειρά από υλοποιήσεις παγκοσμίως. Σύμφωνα με το db-engines θεωρείται πλέον (db-engines.com/en/ranking) η #4 βάση παγκοσμίως μετά την Oracle, MySQL και MS SQL και η #1 NOSQL βάση δεδομένων. Μάλιστα αξίζει να σημειωθεί ότι υπάρχουν πλέον drop-in replacements (όπως έχει γίνει με την MariaDB και την MySQL) από τρίτες εταιρείες όπως η **Percona** την οποία προτιμούν μεγάλες επιχειρήσεις.

- **PouchDB**: ξεκίνησε ως πείραμα με την ονομασία IDBCouch από τον Mikeal Rogers το 2010 όταν ο Firefox είχε αρχίσει να υποστηρίζει το IndexedDB και αργότερα ο Max Ogden την μετονόμασε σε PouchDB. Πρόκειται για βάση δεδομένων γραμμένη σε JavaScript η οποία μπορεί να ενσωματωθεί πλήρως στο front end (συμπιεσμένο μέγεθος μικρότερο από 50K) αρκεί ο browser να είναι συμβατός με ES5 (Firefox από 29, chrome από 34, Android) ενώ τρέχει και σε Node.js. Σημαντική η χρήση της εάν θέλουμε να έχουμε εφαρμογές που λειτουργούν και off line κρατώντας τα data στον browser και αργότερα τα συγχρονίζουν όταν ο χρήστης βρεθεί online.
      ```

- **LokiJS**: θεωρείται από τις ταχύτερες βάσεις δεδομένων γραμμένες σε JavaScript (1,1 εκατομμύρια operations το δευτερόλεπτο). Η LokiJS μπορεί να αντικαταστήσει την SQLite στην περίπτωση εφαρμογών γραμμένων στο framework Cordova/PhoneGap (για mobile εφαρμογές).

- **RethinkDB**: γραμμένη σε C++ πρόκειται για μια βάση δεδομένων που προωθεί αντικείμενα JSON στην εφαρμογή (push) ανανεώνοντας συνεχώς τα δεδομένα της εφαρμογής. Η γλώσσα των ερωτημάτων είναι η ReQL (από το Reactive) και η σύνταξή της είναι παρόμοια με τη JavaScript παράδειγμα:

  ```
  r.tableCreate('movies');
  r.table('movies').insert(r.http('http://rethinkdb.com/sample/top-250-
  ratings.json'))
  ```

  Η RethinkDB εκτός του ότι έχει αποκτήσει momentum σε πολλές γλώσσες προγραμματισμού γιατί χρησιμοποιεί τη σχετικά δεδομένη query γλώσσα ReQL (η οποία σημειωτέων έχει και joins) με επίσημη υποστήριξη για πολλές γλώσσες εκτός JavaScript, όπως εξάλλου και η Mongo. Τον Οκτώβριο του 2016 η συγκεκριμένη βάση έγινε community project στο github.com/rethinkdb/rethinkdb

- **NeDB:** (Node embedded database) πρόκειται για άλλη μια βάση δεδομένων γραμμένη σε JavaScript με δυνατότητα να τρέξει στο backend (node.js) ή ακόμα και μέσα στον browser όπου μπορεί να χρησιμοποιηθεί και ως in-memory datastore. Το API της είναι υποσύνολο της MongoDB. (https://github.com/louischatriot/nedb)

- **GUN:** (http://gun.js.org) μια πρόσφατη open source, realtime, off-line first βάση δεδομένων με υποστήριξη γράφων, η εταιρεία της οποίας (GUN Inc) ισχυρίζεται ότι είναι πολύ εύκολη στη χρήση και πολύ γρήγορη (15M+ ops/δευτερόλεπτο) και πολύ μικρή (12KB gzipped).

- **DocumentDB**: η εναλλακτική πρόταση της Microsoft[105] που παρουσιάστηκε το 2014 είναι βασισμένη σε JSON αντικείμενα και στην οποία τα ερωτήματα γράφονται με παρόμοιο με την SQL τρόπο, πλήρως όμως εναρμονισμένα για JavaScript. Μάλιστα και οι stored procedures που εκτελούνται στον server γράφονται κι αυτές σε JavaScript. Η συγκεκριμένη λύση δίνεται μέσω του Azure (cloud) και δεν είναι δωρεάν (αν και υπάρχει ένας "emulator" για δοκιμές σε development επίπεδο) έχει κόστος με το GB με το μήνα αλλά η Microsoft υπόσχεται εύκολη υλοποίηση και απαντήσεις σε λιγότερα από 10ms ανεβάζοντας αυτόματα τους πόρους για να πετυχαίνει αυτούς τους χρόνους.

- **CouchDB**: εμπνευσμένο project (2005) από το document storage model του Lotus Domino και φτιαγμένο από τον πρώην developer του συστήματος Damien Katz, η Couch (cluster of unreliable commodity hardware) όχι απλά αποθηκεύει τα αντικείμενά της σε JSON αλλά έχει και views που γράφονται σε JavaScript. Η ίδια η open source (couchdb.apache.org) βάση είναι γραμμένη σε Erlang ενώ όπως παλαιότερα και το Domino έχει multiversion concurrency control κρατώντας conflict documents που η εφαρμογή μετά αποφασίζει ποια θα διατηρήσει. Τη βάση χρησιμοποιεί και το NPM για τη registry των πακέτων.

- **RxDB**: βασισμένη στην PouchDB αλλά και τα Reactive Extensions (RxJS), κρατώντας όλο το state σε json, η RxDB (github.com/pubkey/rxdb) είναι ίσως η καλύτερη off line λύση για βάση δεδομένων μέσα στον browser, αλλά και στο Node, στο Electron, την Cordova και τη Nativescript (τα mobile περιβάλλοντα που θα δούμε σε επόμενο κεφάλαιο). Διαθέτει και encryption ενώ κάνει και replicate το περιεχόμενό της σε NoSQL βάσεις όπως η CouchDB που αναφέρθηκε προηγουμένως.

- **Couchbase**: παρότι έχει παρόμοιο όνομα με την CouchDB (και ορισμένους πρώην developers της) πρόκειται για διαφορετική βάση, επίσης opensource (github.com/couchbase), NoSQL, document-oriented που αποθηκεύει JSON αντικείμενα. Γραμμένη το 2010 σε C++ και C, αργότερα Erlang και Go πρόκειται για πολύ δημοφιλές project λόγω του ότι τα queries γράφονται παρόμοια με SQL (N1QL) ενώ έχει και embeddable έκδοση για κινητά με δυνατότητα συγχρονισμού. Πολύ ενδιαφέρον ότι το 2012 την έκδοση 2 ανέλαβε ο Damien Katz ανακοινώνοντας[106] ότι φτιάχνει από την αρχή ότι δεν του άρεσε στην CouchDB

- **WakandaDB**: πρόκειται στην ουσία για web application server γραμμένο σε C++ που αποθηκεύει αντικείμενα στη μορφή JSON και μέσω http δέχεται ερωτήματα σε JavaScript. Η Γαλλική εταιρεία που το έχει αναπτύξει το παρουσιάζει ως πλήρες (full stack) περιβάλλον ανάπτυξης εφαρμογών σε JavaScript βάζοντας το ως αντίπαλο του Node. Η γλώσσα ερωτημάτων είναι αρκετά απλή πχ:

```
ds.Company.query('countryName == USA').compute('revenues')
```

ενώ οι functions που γράφονται στα ερωτήματα γράφονται σε JavaScript που εκτελείται στον server. Ενδιαφέρον είναι ότι η κατασκευάστρια εταιρεία 4D έχει αναπτύξει και περιβάλλον ανάπτυξης εφαρμογών με γραφικό εργαλείο σχεδίασης των βάσεων.

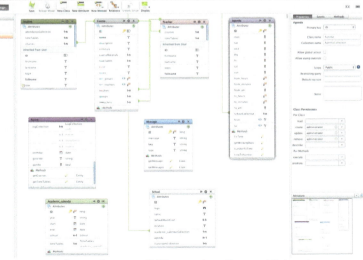

εικόνα από το περιβάλλον ανάπτυξης της Wakanda

- **OrientDB**: άλλη μια βάση δεδομένων που χρησιμοποιεί **γράφους και documents** (με references αντί για joins) και έχει το JSON ως φορμάτ ανταλλαγής δεδομένων. Λόγω της χρήσης των references μπορούμε να μεταβούμε μεταξύ των κόμβων ενός γράφου ή ενός δέντρου ενώ τα ερωτήματα μπορούν να γίνουν και υπό μορφής SQL. Η ίδια η βάση μπορεί να προσπελασθεί εύκολα από το frontend της JavaScript αλλά και μέσω Node.js

- **ArangoDB**: Μια βάση δεδομένων που δεν είναι φτιαγμένη απαραίτητα για την αποθήκευση αντικειμένων σε JSON ούτε για χρήση αποκλειστικά από JavaScript προγραμματιστές. Η ArangoDB είναι μια σχετικά πρόσφατη (2011) βάση δεδομένων που επιτρέπει την αποθήκευση πολλών τύπων δεδομένων (multi-model): εκτός από JSON η βάση αποθηκεύει key-value pairs αλλά και γράφους. Η γλώσσα ερωτημάτων είναι η AQL (από το Arango) που η σύνταξή της μοιάζει με JavaScript.
  Παράδειγμα δημιουργίας σχέσεων σε γράφους:

```
var rel = graph_module._relation("isCustomer", ["shop"], ["customer"]);
```

  Το ενδιαφέρον είναι ότι οι functions της ArangoDB που επεκτείνουν τη γλώσσα γράφονται και αυτές σε JavaScript η οποία εκτελείται μέσα στη βάση χρησιμοποιώντας τη μηχανή V8, ακριβώς όπως κάνει και το Node.

- **Elasticsearch**: άλλη μια βάση δεδομένων γραμμένη σε Java που χρησιμοποιεί το JSON για αποθήκευση δεδομένων, η Elasticseach χρησιμοποιείται κυρίως για εταιρικές μηχανές αναζήτησης. Σχετικά πρόσφατη (2010) η Elasticsearch είναι η βασική μηχανή αναζήτησης της Wikipedia και υπόσχεται αποτελέσματα και analytics σε πραγματικό χρόνο.

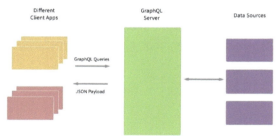

- **GraphQL**: αν και δεν πρόκειται για ενδιάμεση βάση δεδομένων αλλά γλώσσα ερωτημάτων, η GraphQL δημιουργήθηκε και χρησιμοποιείται από το Facebook από το 2012. Πρόσφατα το Facebook αποφάσισε να κάνει open source το project *(από τα τέλη του 2015 είναι σε technical preview)* ενώ παρατηρείται μεγάλη κινητικότητα στη σελίδα του στο github.com/ graphql/graphql-js Η GraphQL αρχίζει και χρησιμοποιείται και σε άλλα projects για τον ενδιάμεσο σταθμό των data που επιστρέφονται από μία βάση (Mongo, SQL, REST API's) σε μορφή JSON. Το GraphQL χρησιμοποιείται ήδη αρκετά (Pinterest, GitHub, Shopify, Intuit) σε συνδυασμό με τις υπόλοιπες τεχνολογίες του Facebook (το React για το front end, το Flux ως pattern, και το Relay ως framework για την απόκτηση των δεδομένων από τις πηγές τους).

2.14 MEAN, MERN και 3REE - Το νέο στάνταρ τα stack

Συμπληρώνοντας τα παραπάνω κεφάλαια θα σταθούμε λίγο στο full stack που ήταν στο απόγειό του το 2014, το MEAN. Όπως βλέπουμε και από το σχήμα αφορά το δωρεάν (open source) σύνολο των εργαλείων MongoDB (για τη βάση δεδομένων), Express (το συνεκτικό web application framework), την Angular (το δημοφιλέστερο framework από την Google) και το Node.

Για να καταλάβουμε καλύτερα το ρόλο του MEAN στις μέρες μας θα μπορούσαμε να το συγκρίνουμε με το πιο πετυχημένο LAMP (παραπάνω από τα μισά site παγκοσμίως βασίζονται σε αυτό, κυρίως λόγω εφαρμογών όπως WordPress και Joomla):

Οι developers του LAMP λοιπόν χρησιμοποιούν (συνήθως) τον Apache σαν web server που τρέχει στο Linux, μία (ή περισσότερες) MySQL βάσεις και ως γλώσσα προγραμματισμού συνήθως την PHP. Αυτό είναι και το stack στο οποίο βασίζονται οι πιο πετυχημένες εφαρμογές κατασκευής sites ή blogs όπως Joomla, WordPress αλλά και παλαιότερα το Facebook.

Παρότι τα τέσσερα αρχικά δηλώνουν διαφορετικά πράγματα, είναι αρκετά δημοφιλή αν σκεφτεί κανείς ότι μια τυχαία αναζήτηση στον όρο MEAN vs LAMP θα φέρει πάνω από 10 εκατομμύρια αποτελέσματα.

Το MEAN δεν αντικαθιστά στην πραγματικότητα ούτε το λειτουργικό, το οποίο μπορεί να παραμείνει το Linux ούτε αντικαθιστά τον Apache αφού το node μπορεί και πολλές φορές είναι καλό να συνυπάρχει και με κάποιον web server. Για το 2015 φαίνεται ότι το React του facebook αποκτά τη μεγαλύτερη προσοχή ως διάδοχος της Angular. Αυτό που μπορούμε να παρατηρήσουμε είναι ότι στην περίπτωση του MEAN υπάρχει μια προτροπή στον προγραμματιστή να χρησιμοποιήσει την τεχνική προγραμματισμού MVVM και γενικά τύπου MVC, ειδικά λόγω της Angular. Παρακάτω βλέπουμε ένα καλό σχήμα για το διαχωρισμό αρμοδιοτήτων στο MEAN stack (από το site 100percentjs.com):

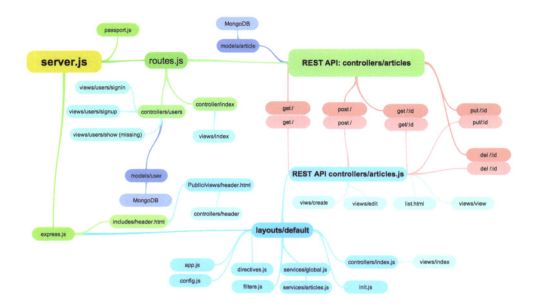

Φυσικά όσο διαδίδονται νεότερα frameworks που έχουν περισσότερη επιτυχία το MEAN μπορεί να αλλάξει όπως για παράδειγμα το MERN (mern.io) που αντί για την ANGULAR έχει το **REACT**

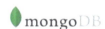

MongoDB is a cross-platform document-oriented database. Classified as a NoSQL database, MongoDB eschews the traditional table-based relational database structure in favor of JSON-like documents with dynamic schemas, making the integration of data in certain types of applications easier and faster.

Express is a minimal and flexible Node.js web application framework that provides a robust set of features for web and mobile applications.

React is a JavaScript library for creating user interfaces by Facebook and Instagram. Many people choose to think of React as the V in MVC. React solves one problem: building large applications with data that changes over time.

Node.js is a JavaScript runtime built on Chrome's V8 JavaScript engine. Node.js uses an event-driven, non-blocking I/O model that makes it lightweight and efficient. Node.js' package ecosystem, npm, is the largest ecosystem of open source libraries in the world.

Προχωρώντας ακόμα περισσότερο (2015), αλλάζοντας δηλαδή κομμάτια στο MEAN stack βρίσκουμε πολλές ακόμα υλοποιήσεις όπως το **3REE** και το **SWARM**.

Στο **3REE** (**github.com/GordyD/3ree**) αλλάζει η βάση δεδομένων σε RethinkDB που όπως περιγράψαμε σε προηγούμενο κεφάλαιο είναι από μόνη της αρκετά reactive βάση δεδομένων, αφού στέλνει push notifications όταν γίνεται αλλαγή στη βάση, ενώ εστιάζει σε πολλές από τις τεχνολογίες του Facebook, καταρχάς το React για την εμφάνιση και το Redux για το state (μεθοδολογία Flux αντί για MVC):

Τεχνολογία	Αφορά	Έκδοση
React	View layer	15.0.2
React Router	Universal routing	2.4.0
Redux	State management	3.5.0
RethinkDB	Persistance layer	2.3.1
Express	Node.js server framework	4.13.0
Socket.io	Used for realtime communication between clients and server	1.4.0
Webpack	Module bundling + build for client	1.13.0
Superagent	Universal http requests	1.8.0
Stylus	Expressive, dynamic, robust CSS	0.54.0

Αντίστοιχα πιστεύουμε θα παρουσιαστούν πολλά περισσότερα στο μέλλον, όπως πχ το MERN (mern.io) [Mongo, Express, React, Node, Redux, Webpack] που όλα βασίζονται γενικά σε βιβλιοθήκες του Node (npm).

Η τάση αυτή για πιο δυναμικά site που όλα τα δεδομένα είναι συνεχώς ανανεωμένα είναι εμφανής και στο SWARM, μια τεχνολογία που ασχολείται πιο πολύ με το μοντέλο (το M στο MVC). Βασισμένο στο React και στο Node, διασυνδέει κλασικές βάσεις (MySQL, Oracle, MongoDB) και συγχρονίζει συνεχώς τα δεδομένα τους μεταξύ των συνδεμένων sessions των browsers στη λογική του CRDT (conflict-free replicated data type). Το SWARM όπως και η GraphQL δεν αποτελούν frameworks αλλά ενδιάμεσες τεχνολογίες για τη μεταφορά των δεδομένων των βάσεων. Όπως θα δούμε και παρακάτω με το Meteor framework, η λογική είναι ότι κρατούνται οι αλλαγές (τα logs) και αυτά συγχρονίζονται όταν ο χρήστης είναι online (κλασική περίπτωση κινητού τηλεφώνου που ο χρήστης είναι σε κάποιο site, το ενημερώνει ενώ είναι off line και μόλις συνδεθεί στο δίκτυο της κινητής το site στέλνει τις αλλαγές).

Τέλος θα θέλαμε να αναφερθούμε και στο JavaScript backend project **Horizon.io** στο οποίο συνεισφέρει η ομάδα που ανέπτυξε και την RethinkDB πάνω στην οποία βασίζεται.

Atom editor screenshot

2.15 Electron – JavaScript εφαρμογές στο Desktop

Παίρνοντας τον αντίθετο δρόμο από το Node.js το Electron είναι ένα project του **GitHub** που μεταφέρει το Chromium στο desktop δίνοντας τη δυνατότητα να κατασκευαστούν "**universal**" desktop εφαρμογές με JavaScript, στα περιβάλλοντα για τα οποία φτιάχνεται το Chromium (Linux, Windows, Mac). Η ιστορία του ξεκινάει από το 2011 στην Shanghai όταν ο Roger Wang έφτιαξε το node-webkit που καλούσε το παράθυρο του WebKit μέσα από το node. Όταν πέρασε από τον webkit στο chromium (blink) το project μετονομάστηκε σε NW.js Το 2013 το GitHub ξεκινάει να φτιάχνει τον **Atom** Editor χρησιμοποιώντας web τεχνολογίες (youtu.be/RaPmi-33rfc) και με αρκετές διαφοροποιήσεις ονομάζει το node-webkit σε Atom Shell. Και αργότερα το 2015 το ονομάζει Electron.

Γιατί όμως θα πρέπει για να τρέξει μια απλή "hello world" εφαρμογή, το μέγεθος να ξεπερνάει τα 100MB; Η απάντηση είναι ότι η εφαρμογή περιέχει το node και το chromium, όμως ο προγραμματιστής δεν χρειάζεται να ξέρει τι browser έχει ο χρήστης και κατ' επέκταση τι έκδοση browser και ποιες λειτουργίες υποστηρίζονται ή όχι. Ο χρήστης αποκτάει αυτόματα και το Node οπότε είναι δεδομένες και όλες οι αντίστοιχες δυνατότητες.

Μια καλή πηγή για περαιτέρω μελέτη πάνω στο οικοσύστημα του Electron είναι η σελίδα github.com/sindresorhus/awesome-electron στο GitHub.

Το Atom με τη σειρά του έδωσε το έναυσμα για τη δημιουργία του open source Visual Studio Code, του text editor που έφτιαξε η Microsoft σε JavaScript αλλά και TypeScript. Η πιο πετυχημένη εφαρμογή αυτή τη στιγμή που τρέχει σε JavaScript στο desktop είναι το Spotify[78] ενώ πολύ ενδιαφέροντα project είναι το Slack και το WordPress Desktop.

Μερικές Εφαρμογές φτιαγμένες με το stack του Electron (electron.atom.io/apps/)

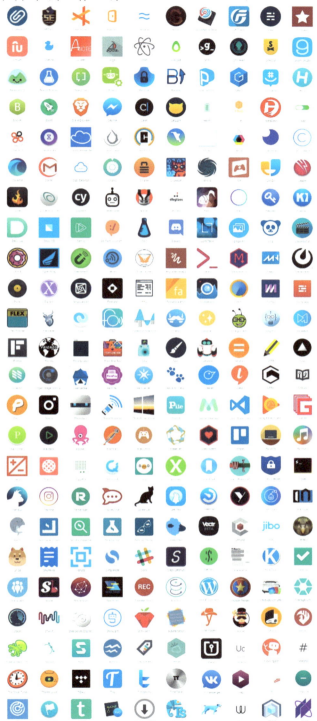

iPhone Screenshot

Εφαρμογή του Facebook σε React Native

2.16 PhoneGap / Cordova / Ionic / React Native – για εφαρμογές στο κινητό

Ανάλογα με το Electron, το PhoneGap είναι η δημοφιλέστερη βιβλιοθήκη ανάπτυξης εφαρμογών σε JavaScript για κινητά τηλέφωνα. Το PhoneGap ξεκίνησε το 2009 ως εργαλείο ανάπτυξης εφαρμογών για iPhone σε JavaScript, μιας που οι πρώτες εκδόσεις του δημοφιλούς κινητού δεν επέτρεπαν τον προγραμματισμό σε native περιβάλλον (Objective C) αλλά μόνο μέσω του browser. Καθώς όλα τα κινητά περιλαμβάνουν την JavaScript στον browser τους, το Cordova (η καρδιά του PhoneGap) ουσιαστικά επιτρέπει να χρησιμοποιήσουμε εξαρτήματα του κινητού τηλεφώνου όπως το GPS, την κάμερα, την πυξίδα κ.ο.κ. αλλά και δεδομένα όπως τον τηλεφωνικό κατάλογο, φωτογραφίες κλπ μέσα από την JavaScript που εκτελείται στον browser. Μετά το 2011 η εταιρεία που ανέπτυξε το PhoneGap αγοράστηκε από την Adobe ενώ υποστηρίχθηκαν και άλλα λειτουργικά συστήματα κινητών εκτός από Apple, όπως BlackBerry, Bada, Symbian, Windows και φυσικά Android καθιστώντας τη βιβλιοθήκη σχεδόν μονόδρομο για μια εταιρεία που θέλει να αναπτύξει εφαρμογές για όλα τα κινητά χρησιμοποιώντας ενιαίο κώδικα. Αυτή τη στιγμή πάνω από το 15% των εφαρμογών (buildwith statistics) για κινητά είναι φτιαγμένες με Gordova.

Αντίστοιχο project με το PhoneGap αλλά και βασισμένο σε αυτό, είναι το XDK της Intel και το CocoonJS το οποίο είναι πιο πολύ προσανατολισμένο σε WebGL εφαρμογές, αλλά και το **Ionic** το οποίο προτιμούν οι προγραμματιστές της **Angular** καθώς βασίζεται σε αυτό.

Αντίθετα οι οπαδοί του React προτιμούν το **React Native** του Facebook, το οποίο παρεμπιπτόντως *δεν χρησιμοποιεί το webview* αλλά δικά του native views σε Android και iOS (facebook.github.io/react-native)

Το React Native αυτή τη στιγμή (2017) αποτελεί την πιο δημοφιλή τεχνολογία ανάπτυξης νέων εφαρμογών σε κινητά καθώς το Facebook υπόσχεται μέχρι και 60FPS ταχύτητα στην οθόνη, παρόλ' αυτά απαιτεί την εκμάθηση του React (jsx) και νέων τρόπων (pattern) προγραμματισμού.

Στο React Native «χτίζουμε» το view κομμάτι της εφαρμογής σε JavaScript, με τον ίδιο τρόπο που χτίζουμε το HTML κομμάτι σε web εφαρμογές φτιαγμένες με το framework React:

```
import React, { Component } from 'react';
import { Text, View } from 'react-native';

class WhyReactNativeIsSoGreat extends Component {
  render() {
    return (
      <View>
        <Text>
          If you like React on the web, you'll like React Native.
        </Text>
        <Text>
          You just use native components like 'View' and 'Text',
          instead of web components like 'div' and 'span'.
        </Text>
      </View>
    );
  }
}
```

Με το React Native όπως αναφέρει το Facebook «φτιάχνουμε πραγματικές mobile εφαρμογές»

Το οικοσύστημα του React Native πήρε πρόσφατα η εταιρεία **EXPO** και έφτιαξε ένα σετ από open source βιβλιοθήκες (github.com/expo) που συντομεύουν την διαδρομή από τη JavaScript στο App Store. Το Expo SDK όπως οι ίδιοι αναφέρουν παρέχει ήχο, σύστημα αρχείων, και όλες σχεδόν τις δυνατότητες της συσκευής, από το γυροσκόπιο μέχρι το βηματομετρητή.

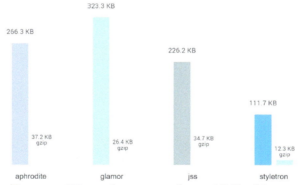

Συγκριτικό του μεγέθους του CSS αρχείου που παράγουν 4 βιβλιοθήκες για να αποδώσουν το CSS του Airbnb.com[109]

Τέλος, από το χτίσιμο της HTML μέσα από την JavaScript, έχουν εμφανιστεί και αρκετές βιβλιοθήκες για χτίσιμο του CSS επίσης από κώδικα JavaScript όπως η **Aphrodite** (τη χρησιμοποιεί η Kahn Academy), Glamorous, CSJS, JSS, Styletron, Fela και άλλες (μια καλή σύγκριση υπάρχει εδώ: github.com/MicheleBertoli/css-in-js)

Τέλος, μια εύκολη προσέγγιση για μεταφορά εφαρμογής στο κινητό αποτελεί το **manifoldjs** το οποίο αντιγράφει τα περιεχόμενα ενός site και το μετατρέπει σε "native" εφαρμογή Android, iOS ή Windows χρησιμοποιώντας και αυτό την τεχνολογία του Cordova.

Εικόνα από την επίσημο repo στο github.com/NativeScript/sample-Groceries

2.17 NativeScript και Titanium– μια διαφορετική προσέγγιση

Μια αντίθετη πορεία σε σχέση με το React Native πήρε η εταιρεία Telerik ανακοινώνοντας τον Ιούνιο του 2014 τη NativeScript, μια εναλλακτική πρόταση ανάπτυξης εφαρμογών για κινητά. Το project που είναι ακόμα σε εξέλιξη εμφανίστηκε τον Μάρτιο του 2015, βασίζεται στην JavaScript μηχανή που βρίσκεται σε όλα τα κινητά ως μέρος του browser τους αλλά αντί να εμφανίζει την εφαρμογή στο DOM (το webview) το view κομμάτι υλοποιείται με κλήσεις σε native controls του κινητού. Έτσι το interface χτίζεται σε XML όπως παρόμοια γίνεται στο Android με την Java ενώ ο κώδικας γράφεται σε JavaScript και τρέχει στο αντίστοιχο engine (V8 στα Android, Chakra σε κινητά με Windows και JavaScriptCore στο iOS). Παράδειγμα του Hello World σε iOS:

```javascript
var alert = new UIAlertView();
alert.message = "Hello world!";
alert.addButtonWithTitle( "OK" );
alert.show();
```

Παρότι και η JavaScript τρέχει στο δικό της VM όπως και η Java, όπως περιγράφηκε στα προηγούμενα κεφάλαια (asm.js, web assembly), πλέον γίνεται compilation σε κώδικα μηχανής και έτσι η Telerik υπόσχεται μέχρι και 60fps απόδοση στην οθόνη.

Εκτός από τα controls του interface, με τον ίδιο τρόπο η NativeScript έχει access σε μεγάλο μέρος του native API του κινητού, συμπεριλαμβανομένων των κλάσεων, αντικειμένων, δομών όπως αριθμοί (το native java.lang.Math), το GPS, την κάμερα κλπ. Επίσης υποστηρίζεται η TypeScript και η Angular (στην έκδοση 2 λόγω των components). Στα αρνητικά η NativeScript δεν έχει ακόμα το community ή την ωριμότητα των άλλων λύσεων ενώ έχει ακόμα περιορισμένο CSS.

Παρόμοια τεχνολογία με την NativeScript είναι το Titanium/Hyperloop βασισμένο σε MVC/XML της Appcelerator (από το 2008), το tabris.js (από το 2014), το Fusetools (από το 2015) και το Smartface (από το 2011), και πιο πρόσφατα (2016) το Apache **WEEX** (weex.apache.org) με την υποστήριξη της Alibaba και του Evan You του οποίου το Vue Alibaba επηρέασε τη σύνταξη του Weex.

Εικόνα από www.konstaninfo.com

2.18 Progressive Web Apps – εφαρμογές shortcut :-)

PWA όπως ονομάζονται είναι οι εφαρμογές που οραματιζόταν ο Steve Jobs όταν παρουσίαζε για πρώτη φορά το iPhone το 2007, όταν ακόμα δεν είχαν «χακέψει» το iOS και δεν υπήρχε τρόπος να γραφτούν native εφαρμογές. Ηταν η εποχή που ο Steve Jobs απαγόρεψε την τεχνολογία flash με αποτέλεσμα τον πρόωρο θάνατο ενός ολόκληρου κλάδου και που πρότεινε στη θέση του τις εφαρμογές που θα έτρεχαν σε HTML5 και JavaScript. Κάτι που τότε δε συνέβη γιατί οι εφαρμογές αυτές στην πλευρά του κινητού υπολείπονταν αισθητά από τις native, σε λειτουργικότητα, δυνατότητες και ταχύτητα. Επιπλέον, απαιτούσαν συνεχή σύνδεση στο διαδίκτυο, κάτι που στο κινητό τηλέφωνο δεν είναι διασφαλισμένο.

Οι εφαρμογές PWA είναι μεν shortcuts στην home screen που δείχνουν σε κάποια ιστοσελίδα (υποχρεωτικά https), όμως έχουν πρόσβαση σε τοπική μνήμη (μέσω cache), τρέχουν service workers της JavaScript στο background με αποτέλεσμα να μπορούν να κάνουν push πράγματα στην οθόνη ενώ τρέχουμε άλλες εφαρμογές, και είναι βελτιστοποιημένες να φορτώνουν γρήγορα και σταδιακά (όσο ζητάμε περιεχόμενο). Ηδη στο Android όταν ξεκινάει μια PWA εξαφανίζονται οι μπάρες του browser και ο χρήστης νομίζει ότι τρέχει μια εφαρμογή κινητού. Δεν απαιτείται app store και ο χρήστης τρέχει πάντα την τελευταία έκδοση εφόσον είναι συνδεδεμένος στο δίκτυο (αφού βλέπει ουσιαστικά μια ιστοσελίδα). Μια λεπτομέρεια: η Apple (και ο Safari) δεν το υποστηρίζει.

Ο κύριος υποστηρικτής των PWA είναι η Google (developers.google.com/web/progressive-web-apps) η οποία σπρώχνει τα συγκεκριμένα sites πιο πάνω στα αποτελέσματα αναζήτησης και εκκινεί τις ιστοσελίδες απευθείας από το κλικ πάνω στο αποτέλεσμα. Ο οργανισμός W3C έχει πιστοποιήσει τις ιστοσελίδες αυτές ως εφαρμογές, βασιζόμενη σε ειδικό Manifest (στην ουσία ένα JSON μέσα στην ιστοσελίδα) που περιέχει το όνομα της εφαρμογής, link στο εικονίδιο της εφαρμογής και ορισμένα άλλα χαρακτηριστικά όπως παρουσίαση της οθόνης κλπ.

Παραδείγματα εφαρμογών είναι το πετυχημένο κατάστημα AliExpress, οι Financial Times και το Flipboard.

Το Clubber του Γιάννη Γραβεζά (github.com/wizgrav/clubber)

2.19 WebGL και PlayCanvas για 3D γραφικά σε JavaScript

Αρχικά η βιβλιοθήκη WebGL σχεδιάστηκε για να επεκτείνει τις δυνατότητες της JavaScript ώστε να παράγει τρισδιάστατα γραφικά στον browser που θα μπορούσαν να τρέχουν στη GPU του υπολογιστή χωρίς plug-ins. Ξεκίνησε το 2006 ως πειραματικό project του Mozilla με την ονομασία Canvas 3D από τον Vladimir Vukicevic, ο οποίος πρότεινε το API στην Khronos Group ώστε να γίνει ανοιχτό πρότυπο. Ετσι αρχικά ενσωματώθηκε στον Chrome και το Firefox τον Φεβρουάριο και τον Μάρτιο του 2011 αντίστοιχα. Αν και τα πρώτα demo αφορούσαν παιχνίδια (Quake, Team Fortress 2) αρκετά επιστημονικά projects υλοποιήθηκαν με αυτό, αλλά και η NASA ανέπτυξε μια προσομοίωση του Mars Curiosity.

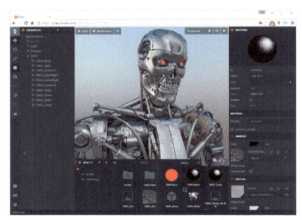

Ένα μήνα μετά την ανακοίνωση του WebGL (Απρίλιο 2011) ο Will Eastcott, πρώην προγραμματιστής της Electronic Arts, της SONY αλλά και της Blizzard ξεκίνησε την PlayCanvas η οποία επιτρέπει την ανάπτυξη 3D εφαρμογών σε JavaScript στον browser αλλά και σε κινητό μέσω του CocoonJS. Στο project προστέθηκε το 2013 και ο Ελληνας Καλπιάς Ηλίας Βάιος και ένα χρόνο αργότερα, όταν η Apple ανακοίνωσε την επίσημη υποστήριξη της WebGL στο Safari του OSX και του iOS 8, το PlayCanvas έγινε Open Source (github.com/playcanvas).
ο editor του PlayCanvas σε μόλις 650KB κώδικα JavaScript

Το PlayCanvas είναι μια πλήρης μηχανή παιχνιδιών με τη μηχανή φυσικής μεταφερμένη σε **asm.js** από την μηχανή Bullet (project Ammo.js)[80]. Είναι και από τις πρώτες βιβλιοθήκες με υποστήριξη για το νέο στάνταρτ **WebVR** ενώ από την Microsoft υπάρχει η **HoloJS** για ανάπτυξη εφαρμογών WebGL για τα HoloLens (github.com/Microsoft/HoloJS)

3D γραφικά χρησιμοποιώντας την WhitestormJS και την Three.js

2.20 Three.js – η δημοφιλέστερη βιβλιοθήκη γραφικών

Εκτός από το PlayCanvas μια άλλη πολύ ενδιαφέρουσα βιβλιοθήκη είναι η threejs (github.com/mrdoob/three.js) με πολλά παραδείγματα στον επίσημο ιστοτόπο της threejs.org

Η Three.js είναι η δημοφιλέστερη βιβλιοθήκη γραφικών κυρίως επειδή είναι η ίδια μέρος άλλων βιβλιοθηκών όπως η WhitestormJS. Η Whitestorm αξίζει ιδιαίτερης αναφοράς γιατί εκμεταλλεύεται τους WebWorkers εντός των browsers για να πετύχει καλύτερα frame rates και φυσική κίνηση, ως αποτέλεσμα του multithreading

Βέβαια υπάρχουν και άλλες βιβλιοθήκες για ανάπτυξη παιχνιδιών σε JavaScript με πολύ διαδεδομένη την δωρεάν **Phaser.io** (πλήρης υποστήριξη για sprites και particles, με physics engine και animation), η **Babylon.js** (www.babylonjs.com) και τις συνδρομητικές ImpactJS, Construct (www.scirra.com/store/construct-2) και GameMaker (www.yoyogames.com/ gamemaker)

Ένα πολύ ωραίο παράδειγμα για όποιον θέλει να ξεκινήσει με καθαρή JavaScript υπάρχει και στον επίσημο ιστοτόπο της Mozilla (https://developer.mozilla.org/ en-US/docs/Games/Tutorials/ 2D_Breakout_game_pure_JavaScript)

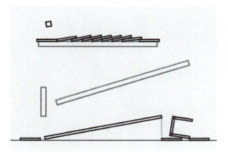

Πολύ ενδιαφέρουσα είναι και η βιβλιοθήκη Plank.js (github.com/shakiba/planck.js) η οποία δημιουργεί animation βασισμένη σε νόμους φυσικής (βασισμένη στην physics engine Box2D)

Παράδειγμα της UBER δείχνοντας την κίνηση των ταξί στη Νέα Υόρκη

2.21 deck.gl – η WebGL βιβλιοθήκη της UBER

Κάνοντας μια ανακεφαλαίωση όλων των γνωστών JavaScript frameworks που υπάρχουν, θα παρατηρήσουμε ότι κάθε μεγάλη εταιρεία λογισμικού έχει και από ένα: η Facebook το React, η Google την Angular και το Polymer, η Netflix το Falcor, η PayPal το krakenjs, η Twitter το Fligh, η eBay το Marko κ.ο.κ. Ένα από τα πιο εντυπωσιακά όμως frameworks που δόθηκαν στη δημοσιότητα ήρθε από την UBER (uber.github.io/deck.gl) για γραφικά με την WebGL.

Παρακάτω βλέπουμε την τρισδιάστατη παράσταση μιας συνάρτησης, με κώδικα και demo από το github.com/uber/deck.gl/tree/4.0-release/examples/plot

Εντυπωσιακό επίσης είναι ότι η βιβλιοθήκη εκτελεί τα μαθηματικά κινητής υπο-διαστολής (64bit) στη **GPU** ενώ ενσωματώνεται και πλήρως στη βιβλιοθήκη Mapbox για εφαρμογές GIS.

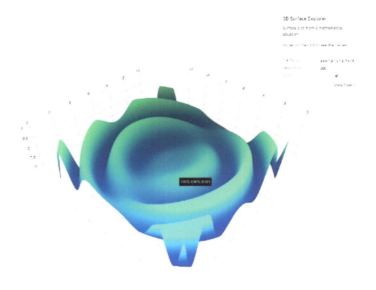

2.22 Adobe PDF – μια μεγάλη ιστορία

Η ιστορία της Adobe και του PDF πάει μακριά στο παρελθόν, σχεδόν στην ίδρυση της εταιρείας στις αρχές της δεκαετίας του 1980. Την εποχή εκείνη η Adobe και συγκεκριμένα ο John Warnock είχε σκεφτεί μια περιγραφική γλώσσα προγραμματισμού (όπως αργότερα θα γινόταν η HTML) με την οποία οι εκτυπωτές της εποχής θα μπορούσαν να εκτυπώσουν ένα γραμμικό σχέδιο το οποίο θα μπορούσε να αλλάζει διαστάσεις χωρίς να αλλοιώνεται το αποτέλεσμα. Στην ιδέα του βασίστηκε μια ολόκληρη βιομηχανία των τυπογραφείων, της ψηφιακής έκδοσης και του κλάδου των γραφιστικών τεχνών και από την οποία προήλθε και ένα άλλο προϊόν της εταιρείας, το PDF χάρη στο οποίο θα μπορούσαμε να δούμε στην οθόνη του υπολογιστή ένα πανομοιότυπο μιας εκτυπωμένης σελίδας. Και για τις δύο αυτές τεχνολογίες έχουν χυθεί τόνοι ψηφιακού μελανιού και πραγματικά οι τεχνολογίες αυτές αν η ιστορία γραφόταν διαφορετικά θα ήταν σήμερα στη θέση της HTML, του CSS και όλων των τεχνολογιών της εποχής μας Όμως το PDF ήταν ένα κλειστό (εταιρικό) πρότυπο για πάνω από 15 χρόνια, μάλιστα τα χρόνια στα οποία γεννήθηκε και εξελίχθηκε η JavaScript και το web με αποτέλεσμα να έχουμε τη σημερινή κατάσταση. Ωστόσο δεν ήταν πάντα έτσι: η Adobe πολλές φορές έφτασε στην κορυφή, με το κάποτε κραταιό Flash. Παράλληλα, το PDF σαν φορμάτ εγγράφου περιέχει πεδία και δυνατότητα να φτιαχτούν φόρμες και έτσι πάρα πολλές κρατικές υπηρεσίες η μεγάλοι οργανισμοί χρησιμοποιούν το PDF ως επίσημη μορφή εγγράφου σε εφαρμογές workflow. Από το 2000 το PDF άρχισε να υποστηρίζει εντολές JavaScript ενώ το 2003 είχε γίνει μέρος του PDF με αποτέλεσμα ο ίδιος ο PDF viewer να περιέχει έναν δικό της interpreter και μια μηχανή εκτέλεσης διαδικασιών, βέβαια στάσιμη στην έκδοση 1.5 (ECMA-252 3rd edition). Η τελευταία έκδοση του JavaScript API (8.1, Απρίλιος 2007) είναι πάνω από 750 σελίδες (wwwimages.adobe.com/content/dam/Adobe/en/devnet/acrobat/pdfs/ js_api_ reference.pdf)

Το ότι το PDF αποτελεί πιστή αναπαραγωγή μιας εκτυπωμένης σελίδας κατέστησε το PDF και ως τυπική διαδικασία «εκτύπωσης» μιας πληροφορίας που έχουμε στην ιστοσελίδα μας, με αποτέλεσμα εάν έχουμε ένα e-shop ή ένα τραπεζικό site, η παραγωγή PDF να είναι υποχρεωτική τη στιγμή που ο χρήστης ζητήσει μία απόδειξη για να αποθηκεύσει. Επιπλέον το PDF στη σημερινή του μορφή περιέχει πληροφορίες ψηφιακής υπογραφής και τεχνολογίες πιστοποίησης που το καθιστούν πολλές φορές την καλύτερη και ευκολότερη λύση ανταλλαγής ψηφιακών εγγράφων στη θέση των χάρτινων.

Στην περίπτωσή μας η χρήση του PDF σχεδόν επιβάλλεται από τις πολλές και πολύ καλογραμμένες βιβλιοθήκες που υπάρχουν στο χώρο της JavaScript, με τις περισσότερες να είναι μάλιστα δωρεάν:

- **PDF.js** : η επίσημη βιβλιοθήκη της Mozilla (github.com/mozilla/pdf.js) η οποία χρησιμοποιείται επίσημα από τον Firefox (εκδόσεις 15 και μετά) για την προβολή αρχείων PDF μέσα στον browser.
- **ViewerJS** : βιβλιοθήκη (github.com/kogmbh/ViewerJS) που δείχνει PDF (μέσω του PDF.JS) αλλά και ODF αρχεία (μέσω του WEBODF)
- **jsPDF** : βιβλιοθήκη της εταιρείας Parallax (github.com/MrRio/jsPDF) *για παραγωγή* PDF στη σελίδα μας:

```
// Default export is a4 paper, portrait, using milimeters for
units
var doc = new jsPDF()

doc.text('Hello world!', 10, 10)
doc.save('a4.pdf')
```

- **PDFmake** : παρόμοια βιβλιοθήκη (github.com/bpampuch/pdfmake) στην οποία φτιάχνουμε πρώτα ένα αντικείμενο που το ονομάζει document definition object, στο οποίο περιγράφουμε τη σελίδα μας, το οποίο μετά μπορούμε να εμφανίσουμε στην οθόνη ή να το εκτυπώσουμε / αποθηκεύσουμε (πολύ βολικό σε περίπτωση server-side):

```
var docDefinition = { content: 'This is an sample PDF printed
with pdfMake' };
// open the PDF in a new window
 pdfMake.createPdf(docDefinition).open();
 // print the PDF
 pdfMake.createPdf(docDefinition).print();
 // download the PDF

 pdfMake.createPdf(docDefinition).download('optionalName.pdf');
```

- **PDFKit** : επίσης παρόμοια βιβλιοθήκη (github.com/devongovett/pdfkit) παραγωγής PDF, κυρίως server side (node) με τη διαφορά ότι εδώ υπάρχει κατασκευή του αντικειμένου με functions της JavaScript:

```
PDFDocument = require 'pdfkit'
# Create a document
doc = new PDFDocument
# αρχείο που θα παραχθεί
doc.pipe fs.createWriteStream('output.pdf')
# ενσωμάτωση γραμματοσειράς και κειμένου
doc.font('fonts/PalatinoBold.ttf')
   .fontSize(25)
   .text('Some text with an embedded font!', 100, 100)
# παραγωγή και κλείσιμο του αρχείου
doc.end()
```

- **PDFObject** : βιβλιοθήκη για ενσωμάτωση PDF σε μέρος της σελίδας μας (με απλές html εντολές σε ένα div) χρησιμοποιώντας τον ενσωματωμένο PDF viewer του browser (στην περίπτωση του Firefox με τον PDF.js)

2.23 Οι ακέφαλοι //headless browsers για δοκιμές

Αμεσα συνδεδεμένα με τις τεχνολογίες παραγωγής PDF ήταν και οι τεχνολογίες παραγωγής του HTML σε αρχείο χωρίς τη χρήση της οθόνης, πράγμα πολλές φορές απαραίτητο όταν θέλουμε να κάνουμε τεστς χωρίς την ανάγκη browser ή όταν απλά θέλουμε να πάρουμε ένα αντίγραφο της οθόνης στην πλευρά του server. Γιατί πολλές φορές το PDF που θέλουμε να παράγουμε είναι ένα αντίγραφο από ότι βλέπει ήδη εκείνη τη στιγμή ο χρήστης.

Κλασική περίπτωση αποτελεί η βιβλιοθήκη wkhtmltopdf (**wkhtmltopdf.org**) και μαζί της η wkhtmltoimage που αντί pdf περάγει αρχείο εικόνας. Οι βιβλιοθήκες αυτές (github.com/wkhtmltopdf/wkhtmltopdf) και PDFreactor (http://www.pdfreactor.com/) δεν είναι γραμμένες σε JavaScript ούτε είναι φτιαγμένες για να τρέχουν μέσα στον browser. Επίσης δεν είναι δωρεάν (!). Όμως δημιούργησαν έναν ολόκληρο κλάδο εφαρμογών που εξυπηρετούν αυτό το σκοπό με πιο διαδεδομένη την PhantomJS (github.com/ariya/phantomjs/) η οποία επίσης παράγει αρχεία PDF, PNG και JPG από την ιστοσελίδα χρησιμοποιώντας τη μηχανή του Webkit. Παρόμοια με την PhantomJS αλλά βασισμένη στην μηχανή Gecko της Mozilla είναι η SlimerJS

Σε αυτό το σημείο να πούμε ότι την ίδια λειτουργικότητα προσφέρει πλέον και ο Chromium (headless mode), κάνοντας τον Vitaly Slobodin, βασικό developer του PhantomJS να ανακοινώσει (Απρίλιο 2017) ότι εγκαταλείπει την εξέλιξή του.

Για όσους χρειάζεται να κάνουν τεστ στην ιστοσελίδα τους, στη σελίδα github.com/dhamaniasad/HeadlessBrowsers υπάρχει μια πληθώρα βιβλιοθηκών βασισμένες στις παραπάνω τεχνολογίες που δίνουν τη δυνατότητα να προγραμματίζουμε εργασίες στις ποιο διαδεδομένες backend γλώσσες (Java, Python, Ruby, Node, PHP, Perl, C#, Objective-C, Swift κλπ).

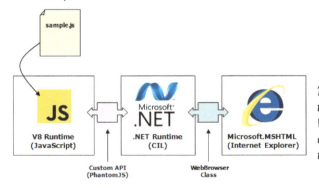

Ένα παράδειγμα είναι η βιβλιοθήκη trifleJS που χρησιμοποιεί την κλάση WebBrowser του .NET και τρέχει πάνω στη μηχανή V8 (σχήμα από τη σελίδα triflejs.org)

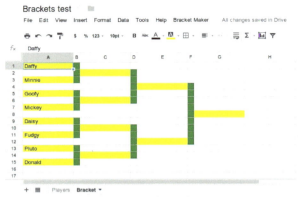

Εφαρμογή JavaScript που τρέχει μέσα στο Google Sheets

2.24 η JavaScript ως ενσωματωμένη γλώσσα

Το οικοσύστημα Javascript ή καλύτερα της ECMAScript από πολύ παλιά περιλάμβανε αρκετές εφαρμογές. Ηδη από την έκδοση 4 (πριν το 2000) είχε ενσωματωθεί στα προϊόντα της Adobe με την παραλλαγή ActionScript ενώ έχει ενσωματωθεί και στον Acrobat Reader για τις ανάγκες κατασκευής «ζωντανών» PDF αρχείων από το 2005 (Acrobat 7.0). Η Adobe έχει ενσωματώσει παλαιότερη έκδοσή της (3) ως Adobe ExtendScript και στα προϊόντα της InDesign, Illustrator, Photoshop, Premiere Pro και άλλα. Η JavaScript έχει ενσωματωθεί και σε πολλά άλλα συστήματα όπως πχ το εργαλείο μουσικής τεχνολογίας MAX/MSP, αλλά και σε άλλες γλώσσες (πχ project Nashorn στην Java 8), QtScript για το περιβάλλον Qt (που την προηγούμενη δεκαετία ήταν το βασικό εργαλείο ανάπτυξης εφαρμογών σε NOKIA Symbian περιβάλλοντα).

Εκδόσεις της γλώσσας υπάρχουν με πολύ μικρό αποτύπωμα (πχ το Duktape τρέχει την Ecmascript E5 σε μόλις 385Kb μνήμης) ενώ σε 256Kb τρέχει η JerryScript της Samsung (github.com/Samsung/jerryscript) που έχει σχεδιαστεί για Internet Of Things

Μια άλλη προσέγγιση έχει δοθεί από την Google της οποίας ο ίδιος ο Chrome browser περιέχει κατάστημα αγοράς apps φτιαγμένων σε JavaScript ενώ προσφάτως ενσωμάτωσε την **Google Apps Script** στα προϊόντα της Docs, Sheets και Forms (developers.google.com/apps-script) δίνοντας τη δυνατότητα να επεκτείνουμε τις εφαρμογές με νέα μενού και λειτουργικότητα όπως είχε κάνει παλαιότερα η Microsoft με την VB script στο Office.

Ένα άλλο ενδιαφέρον παράδειγμα βλέπουμε στην εφαρμογή Business Intelligence **QLIK Sense**. Βασισμένο στο node και το ενσωματωμένο Chromium project, το Qlik Sense εκμεταλλεύεται πλήρως τις τεχνολογίες των WebSockets, του Canvas και είναι βασισμένο στην AngularJS, το Bootstrap και το RequireJS. Όλα τα visualization extensions γράφονται σε JavaScript (github.com/ stefanwalther/qliksense-extension-tutorial)

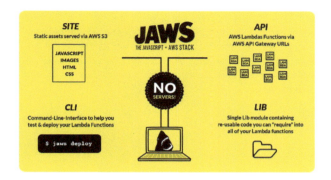

2.25 JAWS: JavaScript + AWS Stack

Ίσως το πιο εντυπωσιακό για λύσεις cloud και πρόσφατο trend είναι οι **serverless** cloud εφαρμογές. Στην ουσία δεν πληρώνουμε καθόλου για servers, δίσκους, μνήμες όπως γινόταν (και γίνεται) μέχρι σήμερα αλλά η κυρίως εφαρμογή μας είναι ένα μικρό κομμάτι του συνόλου των cloud υπηρεσιών που χρησιμοποιούμε. Στη συγκεκριμένη περίπτωση της AMAZON στο serverless framework (github.com/serverless/serverless)* κεντρικό σημείο αποτελεί το λεγόμενο AWS Lambda, τα οποία είναι functions που εκτελούνται όταν έχουμε κάποιο event. Στο JAWS όλη η εφαρμογή και το framework είναι σε NodeJS. Η κάθε function (separation of concern) αφορά ένα service ή λειτουργία κάθε φορά, χρησιμοποιεί και διάφορα resources όπως βάσεις, υπολογιστική ισχύ, και άλλα microservices. Οι χρεώσεις γίνονται μόνο όταν εκτελούνται τα συγκεκριμένα services (που καταναλώνουν ισχύ ή εκτελούν άλλα services) ή όταν υπάρχει εξερχόμενη κίνηση στο δίκτυο ενώ το scalability είναι θεωρητικά άπειρο. Ένα παράδειγμα της εταιρείας για 16000 requests/μέρα με μέση χρήση 200ms έχει κόστος 3 δολάρια τη μέρα με δύο κλασικά Elastic Cloud (EC2) ενώ με τη serverless λύση το κόστος πέφτει στα 0,05 δολάρια τη μέρα. Το μήνα δηλαδή η συγκεκριμένη εφαρμογή πέφτει από κόστος 90 ευρώ σε 1,5 ευρώ.

Upload your code to AWS Lambda   Set up your code to trigger from other AWS services, HTTP endpoints, or in-app activity   Lambda runs your code only when triggered, using only the compute resources needed   Pay just for the compute time you use

Το 2017 μεγάλωσε η λίστα των εταιρειών που δίνουν serverless (functions as a service) λύσεις: **Azure Functions** (azure.microsoft.com/en-us/services/functions/) από την Microsoft, **Cloud Functions** από την Google, **OpenWhisk** από την IBM (Bluemix) και Apatche (openwhisk.incubator.apache.org) webtask (webtask.io) από την Auth0, **IronWorker** (www.iron.io/platform/ironworker/) από την Iron.io και **webscript** (www.webscript.io) από την Planet Rational και αναμένονται πολλές ακόμα.

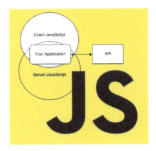

Isomorphic from the Greek "isos" for "equal" and "morph" for "shape". Isomorphism describes that if you look at the same entity in two different contexts, you should get the same thing. Here the contexts are server and client. Although the term has been mostly used in mathematics until now, it's an apt term to describe a web programing pattern where the code is shared by the front-end and back-end.

2.26 Isomorphic frameworks: Meteor

Το Meteor ανήκει στην κατηγορία των ισομορφικών frameworks με την έννοια ότι γράφουμε κώδικα JavaScript στην πλευρά του client και του server, ενώ χρησιμοποιείται και η JavaScript για την προσπέλαση των δεδομένων. Η λογική στην ανάπτυξη των εφαρμογών με το Meteor πλησιάζει πιο πολύ το MVVM pattern[86] με τη διαφορά ότι ένα μικρό αντίγραφο των δεδομένων κρατιούνται και στην μεριά του ViewModel (στον client) σε μια μίνι in-memory έκδοση της MongoDB, την minimongo (github.com/meteor/meteor/tree/devel/packages/ minimongo). Για το View κομμάτι το meteor χρησιμοποιεί templates στη μορφή του handlebars.js (στη δική του διάλεκτο που ονομάζονται "Spacebars"). Στην πρόσφατη (1.4) έκδοση προστέθηκαν τα δύο πιο δημοφιλή Angular και React:

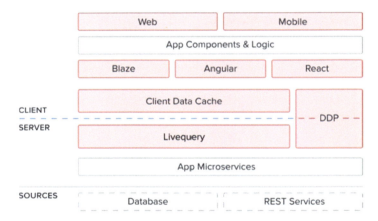

Στη λογική του Meteor και δεδομένου ότι η τάση βρίσκεται αυτή τη στιγμή σε εργαλεία τύπου Yeoman και γενικά boilerplates όπου στήνεται η αρχική δομή των αρχείων και των βιβλιοθηκών "don't reinvent the wheel", το Meteor έχει ήδη έτοιμες λύσεις για login, registration, authentication και setup της βάσης, πράγματα που θεωρούνται πλέον αυτονόητα σε κάθε web εφαρμογή.

Αυτό που κάνει πολύ ιδιαίτερο το Meteor είναι ότι οι αλλαγές στους clients και στη βάση συγχρονίζονται συνεχώς μέσω μηχανισμού publish/subscribe και αυτές με τη σειρά τους αντικατοπτρίζονται real time[100] στο view με έναν τρόπο που στις μέρες μας ονομάζεται reactive (διαδραστικό σε ελεύθερη μετάφραση). Μάλιστα θα λέγαμε ότι σε ένα μοντέρνο περιβάλλον που χιλιάδες χρήστες είναι συνδεδεμένοι σε μία web εφαρμογή είτε από το κινητό τους είτε από τον browser, αναμένουν ότι αλλαγές γίνονται (ανακοινώνονται) από τη βάση, να τις βλέπουν άμεσα, χωρίς δηλαδή τη χρήση του refresh. Αυτός ο συγχρονισμός των δεδομένων γίνεται μέσω του πρωτοκόλου **DDP** (Distributed Data Protocol) το οποίο με τη σειρά του είναι βασισμένο στα websockets (sockjs). Στην πλευρά του server υπάρχει φυσικά το NodeJS ενώ το framework συνοδεύεται από δικό του packaging σύστημα παρόμοιο του npm που ονομάζεται atmosphere.

Η εταιρεία που το αναπτύσει αναφέρει ότι τα έσοδά της προέρχονται από τις cloud υπηρεσίες τις οποίες παρέχει για όποιους θέλουν να κάνουν hosting των εφαρμογών της στο galaxy όπως το ονομάζει. Το ίδιο το framework είναι open source και βασίζεται σε μεγάλο βαθμό σε άλλα πετυχημένα open source projects όπως θα δούμε παρακάτω, με αποτέλεσμα να είναι εφικτή η μεταφορά του και σε άλλες πλατφόρμες. Για το σκοπό της εργασίας έγινε μια δοκιμή της εφαρμογής to-do σε meteor πάνω σε πλατφόρμα Rasberry PI χρησιμοποιώντας το universal fork (github.com/4commerce-technologies-AG/meteor):

Meteor server σε Ubuntu server με λιγότερο από 3 Watt κατανάλωσης!

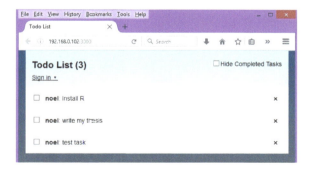

Η παρουσίαση της εφαρμογής που βλέπουμε γίνεται με το Blaze που είναι η UI βιβλιοθήκη του Meteor χωρίς να είναι και η μόνη. Ήδη από το 2015 το Meteor μπορεί να χρησιμοποιήσει την Angular ενώ το τελευταίο διάστημα γίνεται πιο δημοφιλές το React. Η ίδια η εφαρμογή πακετάρεται εύκολα με το Cordova ώστε να τρέξει σαν να ήταν native (hybrid) σε Android ή iOS αρκεί να έχει υιοθετηθεί κατάλληλη responsive σχεδίαση.

Το Blaze με τη σειρά του χρησιμοποιεί μια βιβλιοθήκη διαδραστικού προγραμματισμού (reactive programming) που λέγεται Tracker. Το reactive programming είναι μια τεχνοτροπία (RX) που συναντάμε σε πολλές γλώσσες προγραμματισμού (παράδειγμα API: ReactiveX ή Bacon.js στη JavaScript) όπου οι ίδιες οι μεταβλητές στον κώδικα αλλάζουν ασχέτως της ροής του. Ειδικά στην περίπτωσή μας, και εφόσον οι μεταβλητές είναι δεμένες με κάποιο πεδίο στη βάση και αλλάζουν συνέχεια τιμές, με το tracker παρακολουθούμε τις αλλαγές αυτές και δένουμε functions οι οποίες εκτελούνται όταν οι μεταβλητές αλλάζουν. Οι αλλαγές στις τιμές μεταφέρονται όπως αναφέραμε με το DDP στο φορμάτ **EJSON**. Η διαφορά του EJSON με το JSON είναι ότι υπάρχει πάντα ημερομηνία και ώρα στο αντικείμενο ώστε να κρατηθεί το πιο πρόσφατο στη βάση. Το ίδιο το πρωτόκολλο DDP ήδη έχει μεταφερθεί και σε άλλες γλώσσες (C#, Go, Haskell, Java, PHP, Ruby, Swift κλπ) ώστε να χρησιμοποιείται και σε εκτός Meteor εφαρμογές.

Το ίδιο συμβαίνει και με την MongoDB. Σε περίπτωση που η κεντρική MongoDB που χρησιμοποιεί η εφαρμογή μας αλλάζει και από άλλες εφαρμογές που τρέχουν παράλληλα, οι αλλαγές στη βάση συγχρονίζονται και αυτές στο μοντέλο μας και εμφανίζονται στο view model, χωρίς να απαιτείται επιπλέον προγραμματισμός.

Δεξιά: Δομή μιας τυπικής εφαρμογής σε meteor , Mindmap της Shavonnah Tièra από goo.gl/BnzEaw

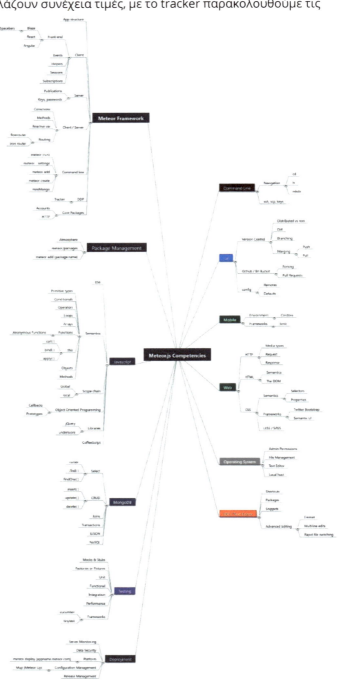

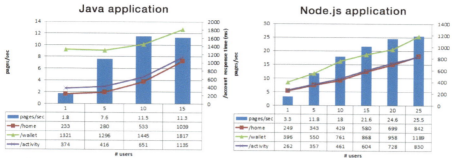

Java application				
	1	5	10	15
pages/sec	1.8	7.6	11.5	11.3
/home	233	280	533	1039
/wallet	1321	1296	1445	1817
/activity	374	416	651	1135

Node.js application						
	1	5	10	15	20	25
pages/sec	3.3	11.8	18	21.6	24.6	25.5
/home	249	343	429	580	699	842
/wallet	396	550	761	868	958	1189
/activity	262	357	461	604	728	830

Διπλάσια request το δευτερόλεπτο πέτυχε το Paypal με περίπου 35% μικρότερο χρόνο αναμονής

3. Μελέτες περιπτώσεων σε μεγάλες εγκαταστάσεις JavaScript

Η πιο ενδιαφέρουσα μεταστροφή εγκατάστασης σε full stack JavaScript αποτελεί η περίπτωση του PayPal[91] (180 εκατομμύρια ενεργοί χρήστες). Παρότι ο τρόπος υλοποίησης και οι τεχνολογίες που χρησιμοποιούνται γενικότερα παίζουν τεράστιο ρόλο στη ταχύτητα μιας εφαρμογής, οι μηχανικοί του Paypal κατάφεραν να απαντούν σε διπλάσια server requests με σελίδες που στέλνονταν 200ms πιο γρήγορα μάλιστα χρησιμοποιώντας 1 πυρήνα σε σχέση με 5 πυρήνες στην Java. Πιο ενδιαφέρον είναι το γεγονός ότι αυτό επιτεύχθηκε με λιγότερους προγραμματιστές που έγραψαν 40% λιγότερο κώδικα.

Εκτός από το PayPal, η εταιρεία LinkedIN χρησιμοποίησε Node και HTML5 για να μετατρέψει τις mobile (web) και native (iOS, Android) εφαρμογές της από Ruby on Rails σε JavaScript πετυχαίνοντας δεκαπλάσια ταχύτητα εκτέλεσης όπως ανέφεραν οι μηχανικοί της[92]. Όπως αναφέρουν οι μηχανικοί του δικτύου των 400 εκ ενεργών χρηστών, χρειάστηκαν να αναλύσουν διάφορες τεχνολογίες (Ruby, Node, Java, Scala) και το Node ήταν η καλύτερη τεχνολογία δεδομένου ότι η εφαρμογή είναι πρακτικά απλά ένας καταναλωτής των διαφόρων web services της εταιρείας. Η εταιρεία προσέλαβε μηχανικούς της μηχανής V8 για το project πετυχαίνοντας διπλάσια requests με το 1/3 των servers.

Ένα καλό παράδειγμα πετυχημένης mobile εφαρμογής σε JavaScript αποτελεί το UBER με 150 χιλιάδες οδηγούς και συνολικά 1 δις εκτελεσμένων διαδρομών. Παρότι το UBER χρησιμοποιεί αρκετά το Node[93] αρκετές εφαρμογές της είναι γραμμένες στη γλώσσα Go της Google καθώς και σε Python.

Παρά τις αναφορές αυτές είναι σκόπιμο να σημειώσουμε ότι οι τεχνολογίες αυτές είναι ακόμα στα πρώτα στάδια της υιοθέτησης με μεγαλύτερο ποσοστό της εγκατεστημένης βάσης στους servers να έχει η PHP, η Java και λιγότερο η C# και άλλες τεχνολογίες ενώ η JavaScript και τα αναφερθέντα frameworks αποτελούν πρώτη επιλογή για νέες (startup) επιχειρήσεις.

Επίσης μεγάλες εγκαταστάσεις του Node αποτελούν το Netflix (75 εκατομμύρια χρήστες youtu.be/p74282nDMX8) το οποίο εγκατέλειψε το OData για να περάσει στην GraphQL του Facebook μαζί με τις υπόλοιπες τεχνολογίες (React, Redux) και το Spotify ειδικά στο desktop[95] (100 εκατομμύρια χρήστες) [Ιούνιος 2016]

Τέλος θα ήταν χρήσιμο να αναφερθούμε στην περίπτωση του Facebook, της εφαρμογής με τη μεγαλύτερη εγκατάσταση χρηστών παγκοσμίως (τη στιγμή που γράφεται αυτή η εργασία οι ενεργοί χρήστες το μήνα ξεπερνάνε το 1,7 δισεκατομμύριο) που τρέχει σε πάνω από 180 **χιλιάδες** servers *τους οποίους μάλιστα η ίδια η εταιρεία σχεδιάζει.* Παρόλο το μέγεθός της (αξία 360 δις) η εταιρεία έχει μόνο 15 χιλιάδες υπαλλήλους (η Amazon για παράδειγμα έχει 270 χιλιάδες).

Το Facebook γράφτηκε τα Χριστούγεννα του 2003 σε PHP ως μια οπτική αναπαράσταση μιας βάσης δεδομένων MySQL. Η PHP είχε μια παράλληλη ιστορία με την JavaScript καθώς μάλιστα δημιουργήθηκε και αυτή το 1995 ως ένα μικρό σπιτικό project. Αντίστοιχα η δημιουργία της MySQL είχε ξεκινήσει λίγους μήνες νωρίτερα. Μάλιστα ο 20χρονος τότε Zuckerberg είχε δημιουργήσει το site μέσα σε μία βδομάδα.

Το 2012 ο Zuckerberg είχε κάνει μια ιστορική δήλωση: «το μεγαλύτερό μας λάθος ήταν ότι επενδύσαμε στην HTML5»[102] αντιλαμβανόμενος ότι η αγορά μετά την έλευση του iPhone το 2007 έγινε «mobile first» τονίζοντας ότι δεν υπήρχε τότε δυνατή ομάδα να γράψει native mobile εφαρμογές. Έπρεπε λοιπόν η εταιρεία να πάρει μια στρατηγική κατεύθυνση για την ανάπτυξη εφαρμογών, μιας που κάθε αλλαγή όπως είπαμε επηρεάζει πάνω από 1,5 δις χρηστών. Σε αυτό το σημείο πρέπει να τονίσουμε ότι το επιστημονικό δυναμικό της εταιρείας δημιουργεί δικές του γλώσσες προγραμματισμού (βλέπε Hack, HipHop VM). Έτσι το διάστημα αυτό (2012) ξεκίνησε τη δημιουργία ενός δικού της framework για ταχύτερη ανάπτυξη εφαρμογών σε πολλές πλατφόρμες με κομβικό σημείο το React και τεχνολογίες δορυφόρους όπως το Flux, το Relay το GraphQL που περιγράφονται στην εργασία.

Το React εμφανίστηκε στην αγορά το 2013 και όταν ξεκίνησε η συγγραφή αυτής της εργασίας άρχισε να γίνεται παγκοσμίως γνωστό μέχρι που έφτασε Νο 6 project στο GitHub (github-ranking.com/repositories). Το React όπως είπαμε επιτρέπει πολύ γρήγορη εναλλαγή περιεχομένου σε μια δυναμική σελίδα γράφοντας στο (virtual) DOM απευθείας από την JavaScript (jsx).

Το 2015 η εταιρεία παρουσίασε το React Native με το οποίο ο προγραμματιστής γράφει JavaScript αλλά περιγράφει στοιχεία (components) του Android και του iOS αντί του DOM, δίνοντας έτσι τη δυνατότητα να γραφτούν native εφαρμογές σε κινητά χρησιμοποιώντας JavaScript. Μάλιστα

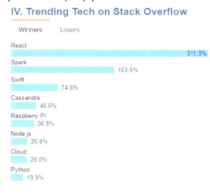

IV. Trending Tech on Stack Overflow

Winners   Losers

React — 311.3%
Spark — 163.5%
Swift — 74.6%
Cassandra — 40.6%
Raspberry Pi — 36.8%
Node.js — 26.8%
Cloud — 26.0%
Python — 19.9%

οι ταχύτητες που πετυχαίνει σε σύγχρονες συσκευές είναι της τάξης των 60FPS . Έτσι, *το React Native έγινε η πλατφόρμα κοινής ανάπτυξης που ο Zuckerberg τόσο ήθελε.* Μεγάλες εγκαταστάσεις αναφέρονται οι Airbnb (web και native), Walmart, Bloomberg, Baidu, Artsy και Delivery.com

Το 2016 το Twitter (της οποίας το Bootstrap είναι το #1 repository στο GitHub) ξεκίνησε μια *αντίστροφη πορεία,* δημιουργώντας το React Native for Web (github.com/necolas/react-native-web), το οποίο με τη σειρά του, παρουσιάζει στο web τα components του React Native, δίνοντας τη δυνατότητα κάποιον που γράφει μια native εφαρμογή για κινητό σε JavaScript, να την εμφανίσει ως ιστοσελίδα.

JavaScriptコミュニティは日々進化しています。今日のトレンド
も数か月後には陳腐化しているなんてことは日常茶飯事です。

https://risingstars2016.js.org/ja/

4. Η προτεινόμενη εργαλειοθήκη της JavaScript για το 2017

Μια σημαντική ανασκόπηση έγινε με το κλείσιμο του 2016 για τα πιο πετυχημένα JavaScript projects του 2016, τα οποία συνθέτουν και την εργαλειοθήκη ενός καλού JavaScript developer. Θα δούμε όλα τα εργαλεία όπως παρουσιάστηκαν στον ιστότοπο risingstars2016.js.org.

Ποιο πετυχημένα Projects του 2016

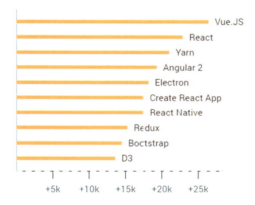

Το Vue.JS και δύο projects του Facebook, το React και ο νέος package manager Yarn ήταν τα 3 πιο πετυχημένα projects στο github το 2016
Το Vue.js ήδη χρησιμοποιείται από το Alibaba, το μεγαλύτερο εμπορικό site της Κίνας

Node.js Frameworks

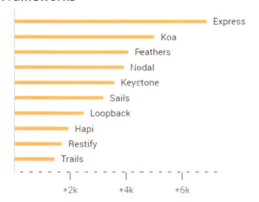

Όλοι οι full stack JavaScript developers γνωρίζουν το Express. Πολύ ενδιαφέρον project το Feathers για όσους θέλουν να φτιάξουν microservices χρησιμοποιώντας το node. Στην 6η θέση το Sails είναι το πιο γνωστό MVC framework για node

Front-end Frameworks

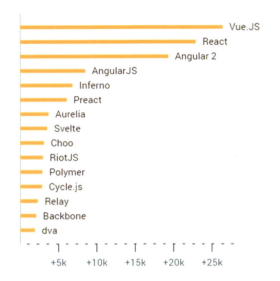

Για το 2016 ο newcomer είναι το Vue το οποίο εκτόπισε στην 3η θέση την Angular που βέβαια παραμένει στην κορυφή παγκοσμίως ως front-end εργαλείο. Αντίθετα το React παραμένει σε ισχύ, κυρίως για το οικοσύστημα που παρουσιάζει (flux, graphQL, native κλπ)

React Boilerplates

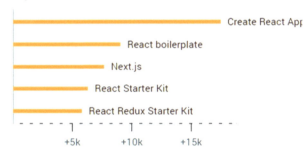

Τα boilerplates είναι ο «τυφλοσούρτης» για κάθε framework. Ετοιμάζουν μια αρχική εφαρμογή μαζί με όλο το directory tree. Δεν είναι τυχαίο που το πιο χρησιμοποιημένο boilerplate για React είναι του ίδιου του δημιουργού του React, Dan Abramov.

Mobile

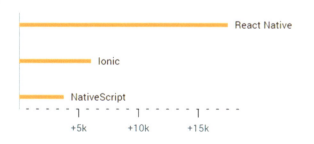

Είναι πρώτη φορά που εκτοπίζεται η χρήση του webview (phonegap, ionic) από το σετ εργαλείων και τη θέση του παίρνουν νέες λύσεις που εμφανίστηκαν μόλις πριν 2 χρόνια, το React Native και η NativeScript.

Compilers

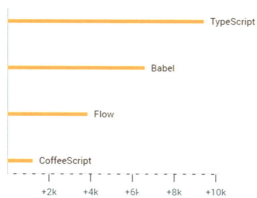

Το 2016 υπήρχε τρομακτική άνοδος της TypeScript εξαιτίας της χρήσης της στην Angular 2, η οποία εκτόπισε την CoffeeScript. Στη λίστα υπάρχει φυσικά η Babel, ο μόνος τρόπος χρήσης νέων ES6 και ES7 χαρακτηριστικών σε παλιούς browsers.

Build Tools

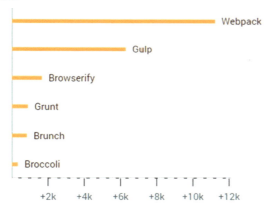

Αν και το Gulp ξεκίνησε ως το εργαλείο για να γράφονται batch αρχεία με το node, κατέληξε ως το πιο γνωστό build tool, τη δουλειά του οποίου κάνει πολύ καλύτερα το webpack. Στη λίστα βλέπουμε και το browserify, το βασικό εργαλείο για να μεταφέρουμε βιβλιοθήκες του node στο front-end.

Testing Frameworks

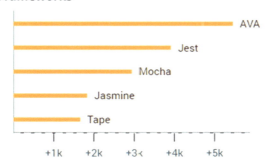

Σε σχέση με το ερωτηματολόγιο της JavaScript, εδώ βλέπουμε να εμφανίζεται το Jest, εξαιτίας της πολύ καλής συνεργασίας με το React.

IDE

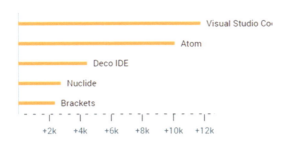

Πολύ ενδιαφέρουσα εξέλιξη, είναι η ότι στην πρώτη θέση βλέπουμε για το 2016 το Visual Studio Core, κι αυτό λόγω του IntelliSense που δίνει για την TypeScript. Και τα δύο projects είναι βασισμένα στο Electron, με το ένα να είναι γραμμένο σε TypeScript και το άλλο σε CoffeeScript, ενώ το Brackets της Adobe είναι γραμμένο σε JavaScript

Static Site Generators

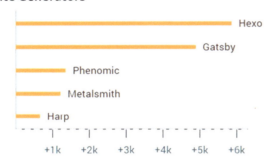

Τα sites του 2016 δεν χτίζονται πια σε WordPress αλλά σε εργαλεία όπως το Hexo. Το Gatsby και το Phenomic ανεβαίνει λόγω της εκτενής χρήσης του React.

Η μικρή πλακέτα-υπολογιστής BBC MicroBit θα μοιραστεί το 2016 σε 1 εκατομμύριο μαθητές

5. JavaScript στα σχολεία

Όπως είχε δηλώσει ο δημιουργός της JavaScript Brendan Eich[68] η JavaScript προοριζόταν ως η αναλογία της VisualBasic ως προς την C++ στο web, δηλαδή η γλώσσα που θα βρισκόταν στο front end όταν το back end θα ήταν η Java. Στις μέρες μας αναβιώνει μετά από 33 χρόνια ένα project της Βρετανικής κυβέρνησης που αποτέλεσε σταθμό στην ιστορία της πληροφορικής, το λεγόμενο BBC Micro. Το project εισήγαγε τον μικροϋπολογιστή στα σχολεία της Αγγλίας το 1981 και αργότερα αποτέλεσε το έναυσμα για τη δημιουργία του επεξεργαστή ARM[74]. Στις μέρες μας το νέο BBC MicroBit θα εισαχθεί στη δημοτική εκπαίδευση της Αγγλίας ώστε τα παιδιά από 7 χρονών να έρθουν σε επαφή με προγραμματιστικά περιβάλλοντς, κυρίως JavaScript, Blockly, Python, and C++ ξεκινώντας από την απλή γλώσσα TouchDevelop της Microsoft με σχήματα[75]. Ο μικροσκοπικός υπολογιστής θα μοιραστεί δωρεάν τον Οκτώβριο του 2015 σε όλα τα βρετανικά σχολεία[76].

5.1 Blockly

Πρόκειται για JavaScript β.βλιοθήκη της Google (2012) του Neil Fraser (developers.google.com/blockly), παρόμοια με την Scratch για οπτική ανάπτυξη εφαρμογών για το web αλλά και για android (App Inventor του MIT). Παρότι μπορεί να χρησιμοποιηθεί και επεκτείνεται και σε άλλες γλώσσες (PHP, Python, Lua, Google Dart) η χρήση του γίνεται ιδιαίτερα γιε την εκμάθηση της JavaScript στα σχολεία. Στα Αγγλικά σχολεία διατίθεται από την Microsoft ως Microsoft Block Editor για χρήση με το micro:bit από παιδιά ηλικίας 11-12 χρονών

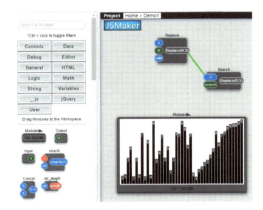

5.2 JSMaker και vvv.js

Τέλος θα θέλαμε να αναφέρουμε ότι υπάρχουν μερικά πολύ ενδιαφέροντα project για οπτικό προγραμματισμό όπως τα παρακάτω JSMaker (επάνω) Κατασκευασμένο από τον ισραηλινό Barak Igal και το VVVjs.com (κάτω), ένα εργαλείο για prototyping και ανάπτυξη εφαρμογών συνδέοντας κόμβους. Το vvvjs επιτρέπει τη δημιουργία 2D και 3D γραφικών χωρίς να χρειάζεται να γραφτεί κώδικας.

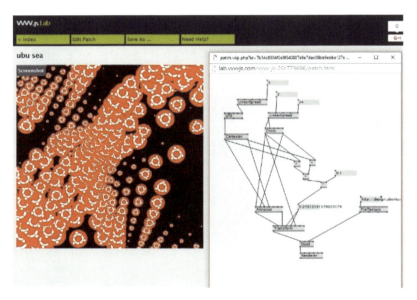

6 Ερωτηματολόγιο χρήσης JavaScript

Κλείνοντας το 2015 και με την ευκαιρία συμπλήρωσης 20 ετών από τη δημιουργία της γλώσσας, δημοσιεύθηκε μια έρευνα σε 5350 προγραμματιστές JavaScript στον ιστότοπο ponyfoo[79] η οποία είναι ιδιαίτερα διαφωτιστική για την παρούσα κατάσταση στην κοινότητα της JavaScript τα αποτελέσματα της οποίας αναπαράγονται ως έχουν:

Προγραμματισμός JavaScript στο front end, back end ή κινητό

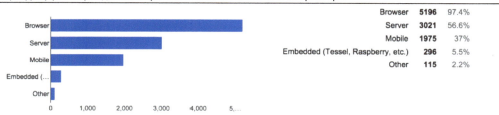

Browser	**5196**	97.4%
Server	**3021**	56.6%
Mobile	**1975**	37%
Embedded (Tessel, Raspberry, etc.)	**296**	5.5%
Other	**115**	2.2%

Προγραμματισμός στο εργασιακό περιβάλλον ή σε παράλληλα projects

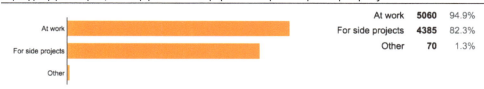

At work	**5060**	94.9%
For side projects	**4385**	82.3%
Other	**70**	1.3%

Ετη προγραμματισμού σε JavaScr pt

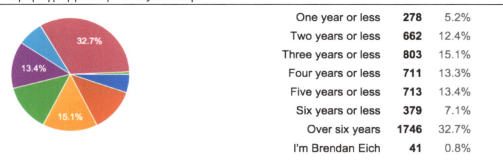

One year or less	**278**	5.2%
Two years or less	**662**	12.4%
Three years or less	**803**	15.1%
Four years or less	**711**	13.3%
Five years or less	**713**	13.4%
Six years or less	**379**	7.1%
Over six years	**1746**	32.7%
I'm Brendan Eich	**41**	0.8%

Ποιες γλώσσες που κάνουν compile σε Javascript χρησιμοποιείτε ;

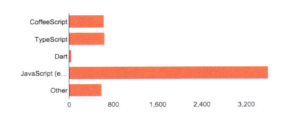

CoffeeScript	**634**	15%
TypeScript	**642**	15.2%
Dart	**45**	1.1%
JavaScript (e.g ES6 to ES5)	**3598**	85%
Other	**584**	13.8%

Στυλιστικός τρόπος προγραμματισμού

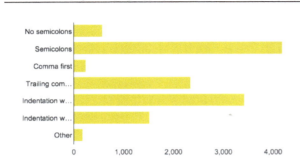

No semicolons	**576**	11%
Semicolons	**4186**	79.9%
Comma first	**254**	4.9%
Trailing commas	**2353**	44.9%
Indentation with spaces	**3430**	65.5%
Indentation with tabs	**1526**	29.1%
Other	**188**	3.6%

Χρησιμοποιείτε εντολές της EcmaScript 5 ;

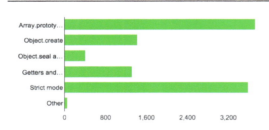

Array.prototype.forEach and friends	**3730**	79.2%
Object.create	**1425**	30.2%
Object.seal and Object.freeze	**406**	8.6%
Getters and setters	**1320**	28%
Strict mode	**3595**	76.3%
Other	**56**	1.2%

Εχετε χρησιμοποιήσει την ES6 ;

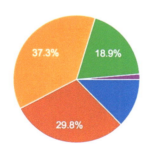

Exclusively	**651**	12.6%
Extensively	**1547**	29.8%
Occasionally	**1936**	37.3%
Never	**979**	18.9%
Other	**71**	1.4%

Ξέρετε τι ετοιμάζεται για την JavaScript 2016 ;

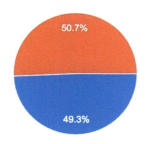

| Yes | **2588** | 49.3% |
| No | **2658** | 50.7% |

Κατανοείτε την ES6 ;

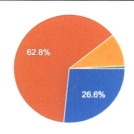

Really well	**1399**	26.6%
I understand the basics	**3306**	62.8%
Not at all	**519**	9.9%
Other	**43**	0.8%

Θεωρείτε την ES6 καλύτερη ;

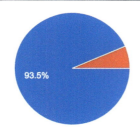

| Yes | **4716** | 93.5% |
| No | **328** | 6.5% |

Χρησιμοποιείτε εντολές της ES6 ;

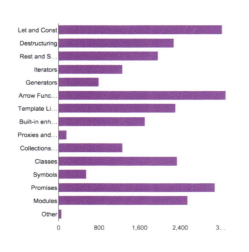

Let and Const	**3229**	77.8%
Destructuring	**2279**	54.9%
Rest and Spread	**1964**	47.3%
Iterators	**1259**	30.3%
Generators	**794**	19.1%
Arrow Functions	**3304**	79.6%
Template Literals	**2307**	55.6%
Built-in enhancements (new syntax, methods)	**1707**	41.1%
Proxies and/or Reflection	**165**	4%
Collections (Map, Set, WeakMap, WeakSet)	**1261**	30.4%
Classes	**2343**	56.5%
Symbols	**545**	13.1%
Promises	**3088**	74.4%
Modules	**2552**	61.5%
Other	**62**	1.5%

Γράφετε unit tests ;

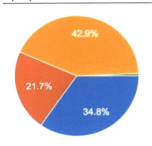

Yes	**1848**	34.8%
No	**1154**	21.7%
Sometimes	**2279**	42.9%
Other	**31**	0.6%

Γράφετε continuous Integration tests ;

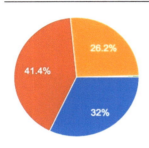

Yes	**1698**	32%
No	**2193**	41.4%
Sometimes	**1388**	26.2%
Other	**20**	0.4%

Πως τρέχετε τα test σας ;

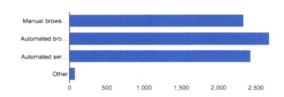

Manual browser testing (e.g using DevTools)	**2332**	51.3%
Automated browser testing (PhantomJS, others)	**2680**	59%
Automated server JavaScript tests	**2432**	53.5%
Other	**78**	1.7%

Ποιες βιβλιοθήκες χρησιμοποιείτε για τα test ;

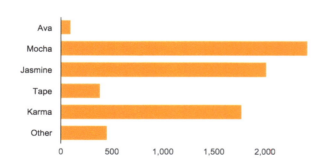

Ava	**96**	2.4%
Mocha	**2418**	61.5%
Jasmine	**2014**	51.3%
Tape	**386**	9.8%
Karma	**1774**	45.2%
Other	**453**	11.5%

Χρησιμοποιείτε εργαλεία ποιότητας κώδικα ;

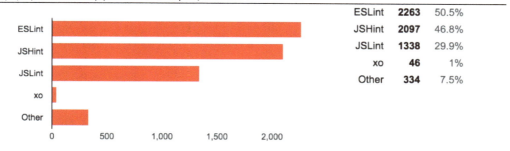

ESLint	**2263**	50.5%
JSHint	**2097**	46.8%
JSLint	**1338**	29.9%
xo	**46**	1%
Other	**334**	7.5%

Τι εργαλείο χρησιμοποιείτε για τα dependencies στο front end ;

npm	**3117**	60.5%
Bower	**1031**	20%
By the grace of bespoke <script> tags	**707**	13.7%
Other	**298**	5.8%

Τι εργαλείο χρησιμοποιείτε για τς builds ;

Grunt	**911**	18.5%
Gulp	**2007**	40.8%
npm run	**1366**	27.8%
Make	**195**	4%
Broccoli	**79**	1.6%
Other	**364**	7.4%

Ποιο εργαλείο χρησιμοποιείτε για να φορτώσετε JavaScript στο font end ;

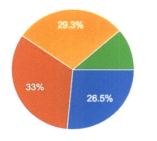

Browserify	**1117**	26.5%
Webpack	**1391**	33%
Babel (ES6)	**1238**	29.3%
Other	**474**	11.2%

Ποιες βιβλιοθήκες χρησιμοποιείτε ;

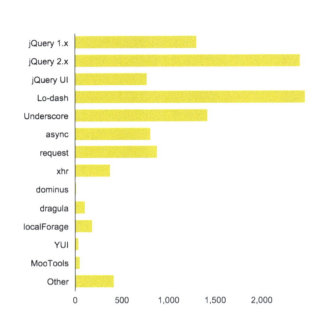

jQuery 1.x	**1306**	27.7%
jQuery 2.x	**2419**	51.3%
jQuery UI	**778**	16.5%
Lo-dash	**2470**	52.3%
Underscore	**1427**	30.2%
async	**813**	17.2%
request	**884**	18.7%
xhr	**377**	8%
dominus	**11**	0.2%
dragula	**107**	2.3%
localForage	**189**	4%
YUI	**40**	0.8%
MooTools	**52**	1.1%
Other	**415**	8.8%

Ποια frameworks χρησιμοποιείτε ;

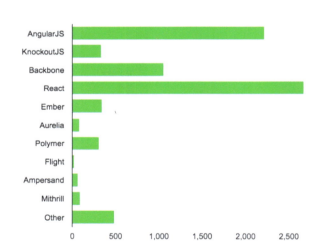

AngularJS	**2218**	47.8%
KnockoutJS	**333**	7.2%
Backbone	**1059**	22.8%
React	**2672**	57.6%
Ember	**346**	7.5%
Aurelia	**82**	1.8%
Polymer	**309**	6.7%
Flight	**27**	0.6%
Ampersand	**64**	1.4%
Mithrill	**91**	2%
Other	**490**	10.6%

Ποιόν editor προτιμάτε ;

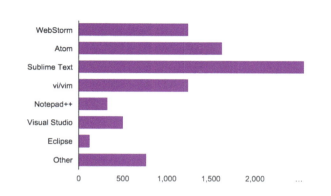

WebStorm	**1242**	25.6%
Atom	**1633**	33.6%
Sublime Text	**2560**	52.7%
vi/vim	**1247**	25.7%
Notepad++	**327**	6.7%
Visual Studio	**508**	10.5%
Eclipse	**130**	2.7%
Other	**773**	15.9%

Ποιο λειτουργικό σύστημα προτιμάτε ;

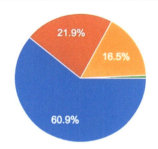

Mac	**3209**	60.9%
Linux	**1154**	21.9%
Windows	**867**	16.5%
Other	**40**	0.8%

Που βρίσκετε έτοιμο κώδικα ή βιβλιοθήκες και εργαλεία ;

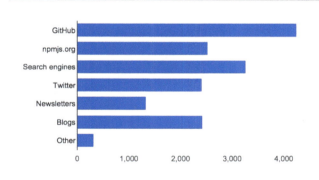

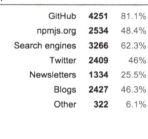

GitHub	**4251**	81.1%
npmjs.org	**2534**	48.4%
Search engines	**3266**	62.3%
Twitter	**2409**	46%
Newsletters	**1334**	25.5%
Blogs	**2427**	46.3%
Other	**322**	6.1%

Συμμετέχετε σε κοινωνικές εκδηλώσεις σχετικές με την JavaScript ;

Yes, I've been to Meetups	**2376**	74%
Yes, I've been to Conferences	**1902**	59.2%
Other	**281**	8.8%

Ποιους browsers υποστηρίζετε στις JavaScript εφαρμογές ;

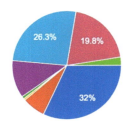

Only evergreen browsers	**1665**	32%
Safari is the new IE	**361**	6.9%
IE6+	**28**	0.5%
IE7+	**42**	0.8%
IE8+	**579**	11.1%
IE9+	**1365**	26.3%
IE10+	**1029**	19.8%
Other	**127**	2.4%

Ενημερώνεστε για νέες λειτουργίες στην JavaScript ;

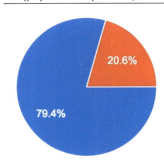

Yes	**4155**	79.4%
No	**1077**	20.6%

Από πού ενημερώνεστε για νέες λειτουργίες της JavaScript ;

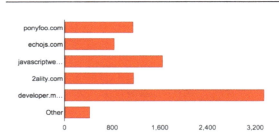

ponyfoo.com	**1159**	26.2%
echojs.com	**846**	19.1%
javascriptweekly.com	**1651**	37.3%
2ality.com	**1167**	26.3%
developer.mozilla.org (MDN)	**3357**	75.8%
Other	**431**	9.7%

Ποια από τις παρακάτω λειτουργίες της JavaScript γνωρίζετε ;

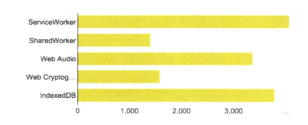

ServiceWorker	**4076**	85.1%
SharedWorker	**1405**	29.3%
Web Audio	**3377**	70.5%
Web Cryptography	**1582**	33%
IndexedDB	**3795**	79.3%

Ποια άλλη γλώσσα προγραμματισμού εκτός JavaScript χρησιμοποιείτε ;

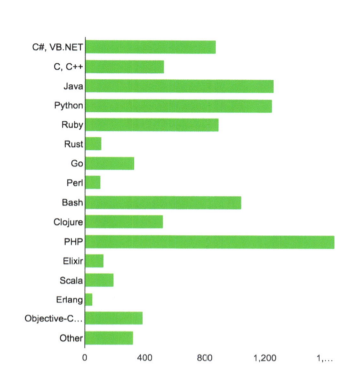

C#, VB.NET	**870**	18.7%
C, C++	**525**	11.3%
Java	**1258**	27.1%
Python	**1246**	26.8%
Ruby	**894**	19.3%
Rust	**112**	2.4%
Go	**327**	7%
Perl	**105**	2.3%
Bash	**1044**	22.5%
Clojure	**522**	11.2%
PHP	**1666**	35.9%
Elixir	**125**	2.7%
Scala	**193**	4.2%
Erlang	**50**	1.1%
Objective-C, Swift	**389**	8.4%
Other	**324**	7%

Το MSN και η America Online μεσουρανούσαν τη δεκαετία του 90. Εδώ το Windows 98 «τρέχει» μέσα στον emulator github.com/copy/v86 ο οποίος προσομοιώνει τον επεξεργαστή Pentium 1 σε JavaScript

7 Χρονολόγιο σημαντικών γεγονότων

Η ιστορία πολλές φορές γράφεται διαφορετικά από διαφορετικούς ανθρώπους, ανάλογα τη πλευρά που κοιτάζουν, τις πολιτικές πεποιθήσεις, την εθνικότητα κλπ. Στην περίπτωση των γλωσσών προγραμματισμού, που είναι εκατοντάδες, η ιστορία γράφεται διαφορετικά από τα πανεπιστήμια και από τις εταιρείες. Ειδικά στην περίπτωση της JavaScript και των πιο πολυσυζητημένων γλωσσών, οι μεγάλες εταιρείες λογισμικού έπαιξαν πολύ μεγάλο ρόλο στην εδραίωσή τους και τη διάδοσή τους. Για παράδειγμα από το 1952 μέχρι το 1957 ερευνητές της IBM σχεδίασαν και έφτιαξαν τη γλώσσα Fortran που χρησιμοποιείται μέχρι σήμερα, 60 χρόνια μετά. Λίγα χρόνια μετά, ερευνητές του κολεγίου Dartmouth βασίστηκαν στη Fortran για να παρουσιάσουν το 1964 μια απλοποιημένη έκδοσή τους που την ονόμασαν BASIC (για αρχάριους). Μία από τις εκατοντάδες διαλέκτους της BASIC ήταν η Altair Basic που παρουσίασε ο Bill Gates με τον Paul Allen το 1975, το πρώτο προϊόν της εταιρείας Microsoft.

Τόσο μεγάλη ήταν η επίδραση της BASIC στο χώρο των μικροϋπολογιστών τη δεκαετία του 70 αλλά και του 80 που οι καταναλωτές αγόραζαν υπολογιστές που «έτρεχαν» BASIC για να μπορούν να γράφουν τα ίδια προγράμματα με ελάχιστες τροποποιήσεις από τον ένα τύπο υπολογιστή σε άλλο, καθιστώντας την Microsoft μονοπωλιακή μιας που η ίδια προσάρμοζε τη BASIC για τον κάθε υπολογιστή. Η πρώτη τους BASIC έτρεχε σε υπολογιστή με 4096 bytes μνήμη (με ούτε 1KB ελεύθερο για το πρόγραμμα του χρήστη), και αργότερα η BASIC τους έτρεχε σε υπολογιστές Commodore, Apple και πολλούς άλλους καθιστώντας την γλώσσα προγραμματισμού το αντίστοιχο ενός λειτουργικού συστήματος. Μάλιστα πολλοί οικιακοί υπολογιστές της εποχής, άνοιγαν με την οθόνη εντολών της Basic αντί μιας οθόνης λειτουργικού συστήματος. Η γλώσσα ήταν στην ουσία το λειτουργικό σύστημα. Η Microsoft είχε βρει το τρόπο να είναι απαραίτητη παντού. Μέχρι την έλευση του IBM PC όπου μια μέρα της ζητήθηκε να βρει ένα λειτουργικό σύστημα για να τρέχει προγράμματα ο «προσωπικός υπολογιστής της IBM». Τότε, για πρώτη φορά, η BASIC έχασε τη δημοτικότητά της, τα προγράμματα έπρεπε να γραφτούν σε μια γλώσσα που θα ετοίμασε κώδικα για το λειτουργικό σύστημα IBM PC DOS, και η γλώσσα της εποχής με τη μεγαλύτερη επιρροή ήταν η C.

Η γλώσσα C ξεκίνησε την πορεία της το 1972 στα εργαστήρια Bell της Αμερικάνικης εταιρείας τηλεφωνίας AT&T και παρότι ήταν και αυτή γλώσσα που έτρεχε σε πολλούς υπολογιστές και λειτουργικά συστήματα, ήταν η κυρίως γλώσσα του λειτουργικού συστήματος UNIX. Αργότερα όμως, έγινε η γλώσσα στην οποία γράφτηκαν και τα Windows αλλά και το LINUX. Η C εξελίχθηκε και αυτή, το 1979 ο Δανός Bjarne Stroustrup άρχισε να βάζει στη C κλάσεις και το 1983 παρουσίασε τη C++ ενώ την ίδια εποχή, οι δύο προγραμματιστές (Brad Cox και Tom Love) και ιδρυτές της εταιρείας Stepstone παρουσίαζαν την Objective C, τη γλώσσα που αγόρασε ο Steve Jobs το 1995 για την εταιρεία του Next και το λειτουργικό NextStep. Όλα αυτά κατέληξαν στην Apple που ένα χρόνο αργότερα αγόρασε την Next και έτσι μέχρι πριν λίγο καιρό όλες σχεδόν οι εφαρμογές για Apple γράφονταν σε Objective C.

Τη C++ προσπάθησε να απλοποιήσει το 1991 ο James Gosling στη Sun φτιάχνοντας τη γλώσσα Oak, και την οποία η Sun παρουσίασε με το όνομα Java το 1996, θέλοντας να χτυπήσει την κυριαρχία της Microsoft με μια γλώσσα που τρέχει «παντού» ανεξαρτήτου συσκευής και λειτουργικού συστήματος, με σκοπό να γίνει η κυρίαρχη γλώσσα στο Internet. Η SUN σε μια τελευταία προσπάθεια σωτηρίας από τη χρεοκοπία, εξαγοράστηκε το 2009 από την ORACLE, μεταβιβάζοντας και όλα τα πνευματικά δικαιώματά της, δίνοντας το έναυσμα για μια μεγάλη δικαστική διαμάχη με το νέο γίγαντα της πληροφορικής Google που λίγα χρόνια νωρίτερα είχε εξαγοράσει τη μικρή εταιρεία Android που είχε διαλέξει για την ανάπτυξη εφαρμογών στο σύστημά της τη γλώσσα προγραμματισμού Java.

Για να καταλάβουμε καλύτερα τη διαμάχη που συμβαίνει τις δεκαετίες του 80 και του 90 για την επικράτηση των γλωσσών προγραμματισμού, το 1988 ο Alan Cooper της εταιρείας Tripod έφτιαξε ένα σύστημα που ζωγράφιζες interfaces (τα ονόμαζε «κέλυφος») και παρήγαγε κώδικα και το παρουσίασε στον Bill Gates. Το project εξελίχθηκε σε σύστημα προγραμματισμού και αφού προστέθηκε η QuickBasic μετονομάστηκε σε Visual Basic.

Το 1996 η Microsoft για να αντιμετωπίσει την μεγάλη απειλή από την Java της SUN προσλαμβάνει τον προγραμματιστή Anders Hejlsberg από την Borland (η οποία την μήνυσε γι' αυτό ζητώντας το αστρονομικό ποσό για την εποχή των 1 εκατομμυρίων δολαρίων) για να φτιάξει τη δική της έκδοση της Java που ονομάστηκε J++. Η SUN μήνυσε την Microsoft και η γλώσσα σιγά σιγά εγκαταλείφθηκε. Ο Anders Hejlsberg που προηγουμένως είχε φτιάξει την Turbo Pascal και μετά την Delphi, δε σταμάτησε ποτέ να φτιάχνει γλώσσες και το 1999 ξεκίνησε να φτιάχνει την Cool «C-like Object Oriented Language» που το 2001 παρουσιάστηκε ως C#

Την ίδια εποχή (μέσα δεκαετίας του 90) συνέβαινε η επανάσταση του Internet. Πολλοί τότε έδιναν ζωή στη μόδα του Internet μόλις 5 χρόνια. Η βασική εταιρεία τότε ήταν η Netscape που είχε καταφέρει να κερδίσει τα PC του κόσμου με τον Netscape Navigator, τον πρώτο web browser (βασισμένο στον Mosaic του Marc Andreessen) που έδειχνε εικόνες "το μαγικό image tag" και συζητούσε πως θα ένωνε τις δυνάμεις της με τη SUN που έφτιαχνε τον δικό της browser "HotJava", γραμμένο φυσικά σε Java, και επίσης κλώνο του Mosaic (στον οποίο είχε βασιστεί και ο Internet Explorer).

Η Netscape λοιπόν, και ο Marc Andreessen ειδικότερα, βρισκόταν σε ένα μεγάλο δίλημμα το 1995. Αν το Internet γινόταν η νέα μόδα, και ο Netscape Navigator γινόταν η νέα πλατφόρμα που θα αντικαθιστούσε τα Windows και τα λειτουργικά συστήματα του μέλλοντος, θα είχε καλύτερη τύχη σε συνεργασία με τη SUN και τη Java ή σε διαμάχη με νικητή τη Microsoft που τότε προωθούσε το δικό της (κλειστό) δίκτυο MSN ;

Τόσο δύσκολη ήταν η απόφαση που η εύκολη και γρήγορη λύση ήταν να βάλει και στον Navigator μια μικρή γλώσσα προγραμματισμού ώστε να έχει ένα επιπλέον «άσσο» στο μανίκι του. Έτσι φώναξε τον Brendan Eich «έλα να βάλεις τη γλώσσα Scheme στον browser μας» σε άκρα μυστικότητα (θα σε προσλάβουμε στο τμήμα δικτύων να φτιάξεις κάτι) αλλά αν μπορείς φτιάξτη γρήγορα.

Όπως θα πει ο ίδιος ο Brendan Eich αργότερα, σε πολλές συνεντεύξεις και δημοσιεύσεις στο blog του (brendaneich.com) «ερχόντουσαν και ζητούσαν ο καθένας ότι ήθελε, κάντην απλή, βάλε αυτό, βγάλε το άλλο» και βασικά «κάντη να μοιάζει με Java, αλλά να μην είναι» και σε 10 μέρες (και νύχτες) παρουσίασε τον φρανκεστάιν των γλωσσών (στην αρχή ονομαζόταν LiveScript, μετά Mocha για να φέρνει λίγο αντίπαλος προς τη Java, και μετά τη συμφωνία με τη SUN, μετονομάστηκε JavaScript, σήμα κατατεθέν που με την εξαγορά της SUN πέρασε κι αυτό στην ORACLE.

Τι όμως είχε αποφασιστεί όταν συνεργάστηκαν η SUN με την Netscape ; η μία εταιρεία θα εγκατέλειπε τον browser της (τον HotJava που έτσι κι αλλιώς ήταν τόσο αργός ώστε να ήταν άχρηστος) και η άλλη όχι μόνο θα εγκατέλειπε τα σχέδιά της για παγκόσμια κυριαρχία στο χώρο των γλωσσών: πρώτον θα τη μετονόμαζε σε JavaScript δηλώνοντας ότι είναι μια απλή γλώσσα για απλό προγραμματισμό «scripting» στον browser για περισσότερη ευελιξία στην HTML και δεύτερον θα επέτρεπε την εκτέλεση Java Applets στον browser της, ώστε ο browser πραγματικά να αποτελεί την παγκόσμια πλατφόρμα της SUN για εφαρμογές που τρέχουν σε κάθε συσκευή. Παρόλ' αυτά, η Netscape, η οποία έδινε δωρεάν τον browser και πουλούσε πανάκριβα τους web server της, είχε βάλει ήδη τη JavaScript στον server (πολύ πριν εμφανιστεί το NodeJS).

Όλα πήγαιναν καλά (αν και η Java ήταν μια πάρα πολύ αργή σε επιδόσεις γλώσσα τότε), μόνο που η Microsoft δεν καθόταν με σταυρωμένα χέρια. Η δική της ομάδα αποκωδικοποιούσε τη νέα γλώσσα για να τη βάλει και αυτή ή μία παραλλαγή της που θα μπορούσε να ονομάσει Basic ή έστω VBscript μέσα στον browser της, που μόλις είχε αγοράσει τα δικαιώματα από την Spyglass. Στον αγώνα της η Netscape για να κάνει τη γλώσσα «επίσημη» βρήκε βοήθεια από την Microsoft η οποία γνώριζε το σύνδεσμο κατασκευαστών υπολογιστών της Ευρώπης (ECMA) και μάλιστα για τη κατάθεση των σχετικών εγγράφων χρησιμοποίησε την τεκμηρίωση της ομάδας της Microsoft, η οποία εκτός των άλλων είχε τεκμηριώσει και τις ατέλειες (και τα bugs) της γλώσσας, τα οποία έγιναν και τα πιο κατηγορούμενα features της (!). Πολύ αργότερα, το 2010, ο Brendan Eich θα προσλάβει τον Allen Wirfs-Brock, τον άνθρωπο της Microsoft που έγραψε τις προδιαγραφές για την EcmaScript.

Χωρίς να θέλω να μειώσω τους δεκάδες ανθρώπους πίσω από τις σημαντικότερες γλώσσες προγραμματισμού, πρέπει σ αυτό το σημείο να αναφέρουμε τον Chris Lattner, τον άνθρωπο που σχεδίασε τη SWIFT της Apple, βασικό δημιουργό του LLVM και του Clang. Το LLVM είναι το βασικότερο εργαλείο αυτή τη στιγμή για πάνω από 20 γλώσσες προγραμματισμού (συμπεριλαμβανομένων της C#, Swift, Python, Rust, Julia, και Kotlin) αλλά και το εργαλείο που χρησιμοποιήθηκε για την δημιουργία της web assembly και του asmjs που αναφέρονται στα προηγούμενα κεφάλαια.

Στις επόμενες δύο σελίδες παρουσιάζεται συνοπτικά όλη η ιστορία των καθοριστικών γεγονότων που έγραψαν την ιστορία της πληροφορικής μέσα από τους ανθρώπους και τις γλώσσες προγραμματισμού που δημιούργησαν:

JS

1945 PLANKALKÜL

Grace Hopper 1959 COBOL

1962 APL, SIMULA

1969 B

1968 LOGO

1970 PASCAL

1957 FORTRAN

1972 C SMALLTALK PROLOG

1958 LISP, ALGOL
1967 BCPL, ARPA NETWORK

1973 ML

1964 BASIC, PL/I

1972 UNIX
1974 SQL
1975 SCHEME

1976 APPLE

1980 C with Classes

1975 MICROSOFT BASIC

1973 TCP/IP

 ➡

1983 BORLAND

1983 C++

1983 HEJLSBERG TURBO PASCAL

1984 OBJECTIVE C

1988 WOLFRAM MATHEMATICA

1987 PERL

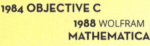

1986 ERLANG

1989 PYTHON
Guido van Rossum

1990 HASKELL

το **1990** ο Tim Berners-Lee φτιάχνει το **www** και τον **http server**

το **1991** ο James Gosling ξεκινάει να φτιάχνει την **OAK** που αργότερα θα μετονομαστεί σε Green και μετά σε **JAVA.**

το **1991** ο Linus Torvalds ξεκινάει να φτιάχνει έναν κλώνο του MINIX που το ονομάζει **LINUX**

το **1991** ο Lars Bak πηγαίνει στην SUN για να φτιάξει το περιβάλλον της **Self** αργότερα θα φτιάξει τη μηχανή **V8** για την Google και το **2011** την **Google Dart**

1993 ο Rob Mc Cool φτιάχνει τον **NCSA HTTPd** Server που το **1995** ονομάστηκε **Apache**

Το **1994** ο James Clark ιδρυτής της Silicon Graphics φτιάχνει την **Netscape** μαζί με τον Andreessen

Το **1993** ο Marc Andreessen φτιάχνει τον **NCSA Mosaic**

Την ίδια χρονιά εμφανίζεται το "Jerry and David's guide to the World Wide Web" το οποίο το **1995** μετονομάζεται σε **Yahoo!**

JavaScript *η απρόσμενη επιτυχία*

JS

1995 Mocha ≫ LiveScript
≫ JavaScript

1995 Borland Delphi
& επίσημη παρουσίαση
της **SUN Java**

1995 ο Rasmus Lerdorf
φτιάχνει έναν μετρητή
επισκέψεων στην ιστοσελίδα του
και ονομάζει τα εργαλεία
Personal Home Page (PHP) tools

[το 1990] ήμουν
πεπεισμένος ότι
χρειαζόμασταν μια
ενσωματωμένη γλώσσα
προγραμματισμού,
αλλά ο Tim [Berners-Lee]
ο προγραμματιστής
ήταν τελείως αντίθετος.
Robert Cailliau

Το **1996** η Macromedia εξαγοράζει
την FutureSplash και μετονομάζει
το προϊόν της σε **FLASH** ➡
το **2005** η **Adobe** αγοράζει την
Macromedia για 3,4 δις $

1998 Macromedia ActionScript

Το **1997** η Microsoft παρουσιάζει
την πρώτη έκδοση του **Visual Studio**
που περιέχει και την **Visual J++**
του Anders Hejlsberg (η παραλλαγή
της JAVA από την Microsoft)

1998 GOOGLE

Το **1997** η Microsoft εμφανίζει
ένα ActiveX για ασύγχρονη
μεταφορά XML. Μπαίνει πρώτα
στον Internet Explorer 5
και μετά στον Mozilla, Safari
και Opera ως **XMLHttpRequest**

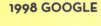

2000 ο Douglas Crockford άρχισε να
χρησιμοποιεί τον όρο **JSON** όταν
πέρναγε την κατάσταση του
browser μεταξύ συνδέσεων http

το **2008** έκδοσε το βιβλίο
«JavaScript: The Good Parts»

Το **2000** η Microsoft παρουσιάζει τα «Next Generation Windows Services» που μετονομάστηκαν σε **.net**
και ο Anders Hejlsberg παρουσιάζει την COOL (C-like Object Oriented Language) που μετονομάστηκε **C#**

Το **2002** ο Anders Hejlsberg παρουσιάζει την **J#** και λόγω μηνύσεων από την SUN παρατά την J++

Το **2004** η Google προσελκύει τον Δανό (!)
προγραμματιστή Lars Bak για να φτιάξει την **V8**

2003 SCALA & Groovy

2004 TheFacebook
φτιαγμένο σε
PHP, MySQL

2005 Η Google βάζει **AJAX** στο **GMAIL**
και εξαγοράζει τη μικρή Αυστραλιανή
εταιρεία **where 2 technologies**
που επίσης χρησιμοποιεί ασύγχρονη
μεταφορά δεδομένων.
Την μετονομάζει σε **Google Maps**

2005 ο Linus Torvalds φτιάχνει το **git.**

Το **2006** εμφανίζονται τα
πρώτα frameworks: το **YUI**
(The Yahoo! User Interface
Library), το **Google Web
Toolkit** και η **jQUERY**

2005 Microsoft **F#**
τον Ιούνιο του **2007** η Apple παρουσιάζει το **iPhone**
(κύρια γλώσσα η **Objective C**) και ανακοινώνει ότι δε
θα λειτουργεί το Flash. Η Google παρουσιάζει την
πρώτη beta του **Android**, μιας μικρής εταιρείας
που αγόρασε το **2005**

2008 πρώτη έκδοση του **Chrome**.
που ενσωματώνει την V8 που μετά
μπαίνει στον Opera και την CouchDB

2009 ο μαθηματικός Ryan Dahl
ο οποίος έφτιαχνε modules για τον
NGINX webserver παίρνει την
μηχανή V8 και φτιάχνει το **NodeJS**

2010 ο Isaac Z. Schlueter
που εργαζόταν στην Yahoo!
στο team του YUI ξεκινάει
το **NPM.**

2007 Clojure

2008 GitHub

2010 Mozilla RUST

2009 ο **Ken Thompson** φτιάχνει την **Google Go**, εμφανίζεται η **MongoDB & RethinkDB**
2010 Angular, Express, Knockout, Backbone Frameworks
2011 Google DART   **2012 Julia, TypeScript**   **2014 Apple Swift**
     2013 facebook REACT   2014 VUE.js

*JavaScript η απρόσμενη
επιτυχία*

2015 ανακοινώνεται η **EcmaScript 2016** και ο οδηγός της είναι πλέον 566 σελίδες

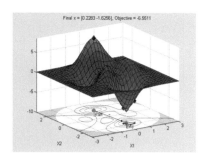

8. Η πολυ-κριτηριακή βελτιστοποίηση στην πρόσφατη βιβλιογραφία

Ηδη από τον προηγούμενο αιώνα μαθηματικοί και οικονομολόγοι εφάρμοζαν μεθόδους πολυ-κριτηριακής βελτιστοποίησης για να μπορέσουν να λύσουν προβλήματα παραγωγής και συνήθως με τη μέθοδο του γραμμικού προγραμματισμού μπόρεσαν να βρεθούν οι βέλτιστες ποσότητες πρώτων υλών που θα συνδυάζονται με σωστό (δηλαδή οικονομικό) τρόπο για την κατασκευή ενός τελικού προϊόντος. Ενώ τα κριτήρια συνήθως ήταν η *ποσότητα, το βάρος, η τιμή, τα μεταφορικά έξοδα*, αργότερα τα κριτήρια που έπρεπε να βελτιστοποιηθούν πολλαπλασιάζονταν με αποτέλεσμα την αναγκαστική χρήση υπολογιστών για την επίλυση των συστημάτων αυτών. Δεν είναι τυχαίο που ένας από τους 10 πιο σημαντικούς αλγορίθμους του προηγούμενου αιώνα θεωρήθηκε ο αλγόριθμος Simplex[1] του μαθηματικού George Dantzig, μαζί με τον QuickSort και τον FFT. Πολύ σπουδαίοι μαθηματικοί είχαν εργαστεί και παλαιότερα στο πρόβλημα όπως ο Fermat, Lagrange, Bellman, Howard, Karmarkar, Koopman, Nemirovski και το πρόβλημα της πολυ-κριτηριακής βελτιστοποίησης παραμένει πάντοτε επίκαιρο σε αμέτρητες περιοχές της σύγχρονης επιστήμης. Ο όρος «πολυκρητιριακη βελτιστοποίηση» έχει ιδιαίτερη σημασία στον κλάδο της διοικητικής έρευνας (Operational Research [OR]). Σημαίνει βελτιστοποίηση σε πολυδιάστατο χώρο με περιορισμούς ισοτικούς ή ανισοτικούς (όχι κατ᾽ανάγκη γραμμικούς) και όχι μίας αντικειμενικής συνάρτησης αλλά πολλών ταυτόχρονα. Η βελτιστοποίηση ενός γραμμικού συνδυασμού με σταθερά βάρη πολλών αντικειμενικών συναρτήσεων ή πολλών ανεξάρτητων μεταβλητών, επίσης δεν ορίζεται σαν πολυκρητιριακή βελτιστοποίηση. Το αποτέλεσμα μιας πολυκρητιριακής βελτιστοποίησης είναι πάντα ένα pareto front (καμπύλη, επιφάνεια, υπερεπιφάνεια) και ποτέ ένα σημείου διανυσματικού χώρου όπως πχ στο γραμμικό ή μη γραμμικό προγραμματισμό. Συνήθως η πολυκρητιριακή βελτιστοποίηση είναι μη γραμμική (σε κυρτά ή μη κυρτά χωρία).

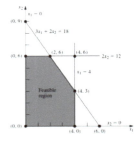

8.1. Η μέθοδος Simplex

Εμπνευσμένος από τις εργασίες του Ρώσου νομπελίστα (1973) οικονομολόγου Wassily Leontief πάνω στις γραμμικές ανισότητες, ο Αμερικανός μαθηματικός George Dantzig κλήθηκε να λύσει ένα πρόβλημα προγραμματισμού υπηρεσιών σε 70 στρατιώτες της αμερικάνικης πολεμικής αεροπορίας στον 2ο παγκόσμιο πόλεμο (1946). Στο πρόβλημά του δεν υπήρχε κάποιος συγκεκριμένος στόχος αλλά ένας αριθμός από κριτήρια που έπρεπε να τηρηθούν. Ο Dantzig παρατήρησε ότι τα κριτήρια σχημάτιζαν αντικειμενικές γραμμικές συναρτήσεις που έπρεπε να μεγιστοποιηθούν οδηγώντας τον στην ανακάλυψη της μεθόδου simplex σε βάθος ενός χρόνου (1947)[81]. Το πρόβλημα αυτό του προγραμματισμού εργασιών δοκιμάζοντας κάθε πιθανό σενάριο έχει πρακτικά άπειρες λύσεις ενώ με τον αλγόριθμο simplex μειώνονται στο ελάχιστο οι πιθανές λύσεις δίνοντας αποτέλεσμα σε λιγότερο από 1 λεπτό. Τα τελευταία 50 χρόνια ο αλγόριθμος simplex θεωρείται θεμελιώδης για τη λύση προβλημάτων βελτιστοποίησης ενώ το βιβλίο του Linear Programming and Extensions[82] θεωρείται η βίβλος του γραμμικού προγραμματισμού. Σύμφωνα με όσα αναφέρθηκαν στην προηγούμενη παράγραφο η SIMPLEX σαφέστατα δεν είναι πολυκριτηριακή βελτιστοποίηση. Για τις ανάγκες της εργασίας αυτής έχει μελετηθεί ο αλγόριθμος σε JavaScript όπως αναπτύχθηκε από τον Iain Dunning στο github.com/IainNZ/SimplexJS (2011) δίνοντας λύση στο πρόβλημα του πλανόδιου πωλητή [83] (iaindunning.com/blog/simplexjs.html).

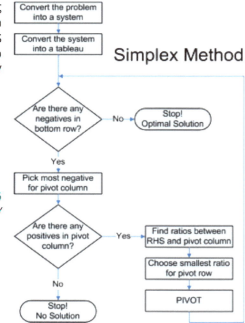

Εικόνα από
https://people.richland.edu/james/ictcm/2006/

Δεδομένου όπως είπαμε ο αλγόριθμος είναι ο πιο διαδεδομένος στον κλάδο της επιχειρησιακής έρευνας για πάνω από 50 χρόνια, έχουν γίνει πολλές υλοποιήσεις σε όλες τις γλώσσες προγραμματισμού πόσο μάλλον σε JavaScript. Εκτός λοιπόν από την υλοποίηση του Iain Dunning, βρίσκουμε μια πολύ καλή υλοποίηση και ως μέρος της βιβλιοθήκης Numeric Javascript (numericjs.com):

```
IN> numeric.solveLP([1,2,3],                    /* minimize [1,2,3]*x              */
                    [[-1,0,0],[0,-1,0],[0,0,-1]], /* matrix A of inequality constraint */
                    [0,0,0],                      /* RHS b of inequality constraint   */
                    [[1,1,1]],                    /* matrix Aeq of equality constraint */
                    [3]                           /* vector beq of equality constraint */
                    );
OUT> { solution:[3,1.685e-16,4.559e-19], message:"", iterations:12 }
```

Μια ακόμα υλοποίηση βρίσκουμε από τον Justin Wolcott (github.com/JWally) με δυνατότητα πολύ-κρητιριακής βελτιστοποίησης (github.com/JWally/jsLPSolver) όπως αναφέρει στο παρακάτω παράδειγμα:

```
{   "optimize": {
        "bacon": "max",
        "cheddar cheese": "max",
        "french fries": "max"
    },
    "constraints": {
        "carb": { "equal": 375 },
        "protein": { "equal": 225 },
        "fat": { "equal": 66.666 }
    },
    "variables": {
        "egg white":{ "carb": 0.0073, "protein": 0.109, "fat": 0.0017, "egg white": 1 },
        "egg whole":{ "carb": 0.0072, "protein": 0.1256, "fat": 0.0951, "egg whole": 1 },
        "cheddar cheese":{ "carb": 0.0128, "protein": 0.249, "fat": 0.3314, "cheddar
cheese": 1 },
        "bacon":{ "carb": 0.0066, "protein": 0.116, "fat": 0.4504, "bacon": 1 },
        "potato": { "carb": 0.1747, "protein": 0.0202, "fat": 0.0009, "potato": 1 },
        "french fries": { "carb": 0.3902, "protein": 0.038, "fat": 0.1612, "french fries": 1
    }
    }}
```

Του οποίου δίνεται η λύση με τη μέθοδο solver.MultiObjective:

```
{ midpoint:
   { feasible: true,
     result: -0,
     'egg white': 1494.64994046,
     potato: 1788.20687788,
     bacon: 46.02690209,
     'cheddar cheese': 63.03985067,
     'french fries': 129.61405521 },
  vertices:
   [ { bacon: 138.08070627,
       'egg white': 1532.31628515,
       potato: 2077.23579169,
       'cheddar cheese': 0,
       'french fries': 0 },
     { 'cheddar cheese': 189.119552,
       'egg white': 1246.61767465,
       potato: 2080.58935724,
       bacon: 0,
       'french fries': 0 },
     { 'french fries': 388.84216553,
       'egg white': 1705.0158616,
       potato: 1206.79548473,
       bacon: 0,
       'cheddar cheese': 0 } ],
  ranges:
   { bacon: { min: 0, max: 138.08070627 },
     'egg white': { min: 1246.61767465, max: 1705.0158616 },
     potato: { min: 1206.79548473, max: 2080.58935724 },
     'cheddar cheese': { min: 0, max: 189.119552 },
     'french fries': { min: 0, max: 388.84216563 } } }
```

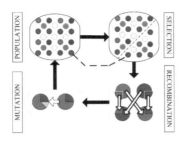

8.2. Γενετικοί Αλγόριθμοι

Οι Γενετικοί Αλγόριθμοι είναι διαδικασίες αναζήτησης που βασίζονται στους μηχανισμούς της φυσικής επιλογής και της γενετικής. Ο πρώτος γενετικός αλγόριθμος αναπτύχθηκε από τον John H.Holland[3] τη δεκαετία του 1960, για να δώσει τη δυνατότητα στους ηλεκτρονικούς υπολογιστές να παράγουν λύσεις σε δύσκολα προβλήματα αναζήτησης και συνδυαστικής βελτιστοποίησης, όπως η ελαχιστοποίηση συναρτήσεων και η μηχανική μάθηση. Οι γενετικοί αλγόριθμοι όπως είπαμε και στην εισαγωγή βρίσκουν ιδιαίτερη εφαρμογή σε προβλήματα όπου το πλήθος των κριτηρίων είναι πολύ μεγάλο και οι λύσεις είναι μη-γραμμικές οπότε δεν λύνονται σε καθορισμένο πολυωνυμικό όπως λέγεται χρόνο (πρόβλημα NP-Complete). Με απλά λόγια δεν γνωρίζουμε εάν για το δοθέν πρόβλημα θα μπορέσει να υπάρξει αλγόριθμος για τον οποίο η λύση θα υπάρξει μετά από κάποιο διάστημα, οπότε στοχεύουμε σε μία λύση που να είναι η βέλτιστη για συγκεκριμένο (περιορισμένο) χρόνο χωρίς απαραίτητα να είναι και η απολύτως σωστή, δηλαδή αυτή που κανονικά προκύπτει λύνοντας μία εξίσωση με ν αγνώστους.

Από τους πρωτοπόρους στους γενετικούς αλγορίθμους, ο Γερμανός Ingo Rechenberg[4] μίλησε για τη στρατηγική της εξέλιξης το 1971 ενώ το 1975 ο John Holland εισήγαγε τις έννοιες *πληθυσμός, άτομα, γενιά, γονείς, διασταύρωση, μετάλλαξη, απόγονοι*[3]. Ετσι έχουμε τον πληθυσμό λύσεων όπου με μια επαναληπτική στοχαστική διαδικασία χρησιμοποιούν τα άτομα και σε κάθε γενιά παίρνουν δύο γονείς για να παράγουν μια νέα λύση με κάθε απόγονο.

Η θεωρία της εξέλιξης του Δαρβίνου με την επιβίωση του ισχυρού (survival of the fittest) έδωσε τον όρο fitness για να εξηγήσει ότι κατά την επαναληπτική διαδικασία ελέγχουμε τη λύση για να δούμε κατά πόσο είναι η βέλτιστη ώστε να απορριφθεί ή όχι. Ο αλγόριθμος επαναλαμβάνεται όσες φορές θέλουμε ώστε να επιλεχθεί η λύση που έχει προκύψει τη δεδομένη χρονική στιγμή.

Το 1987 είχαμε το πρώτο δείγμα εφαρμογής γενετικού αλγορίθμου από τον Goldberg [5] σε ένα σύστημα διανομής αερίου και από τότε αμέτρητα πολυ-κριτηριακά προβλήματα όπως η διανομή ηλεκτρικού ρεύματος, διανομή τροφίμων και γενικά εφοδιαστικής αλυσίδας λύθηκαν με γενετικούς αλγορίθμους.

Algorithm 1 Pseudocode for a Genetic Algorithm

1: $t \leftarrow 0$;

2: InitPopulation[$P(t)$]; {Initializes the population}

3: EvalPopulation[$P(t)$]; {Evaluates the population}

4: **while** not termination **do**

5:     $P'(t) \leftarrow$ Variation[$P(t)$]; {Creation of new solutions}

6:     EvalPopulation[$P'(t)$]; {Evaluates the new solutions}

7:     $P(t+1) \leftarrow$ ApplyGeneticOperators[$P'(t) \cup Q$]; {Next generation pop.}

8:     $t \leftarrow t + 1$;

9: **end while**

Ψευδοκώδικας του γενετικού αλγορίθμου από
http://neo.lcc.uma.es/vrp/solution-methods/metaheuristics/genetic-algorithm/

Αν και είναι πολύ πρόσφατη η χρήση της JavaScript για αλγορίθμους βελτιστοποίησης, εντούτοις ήδη έχουν εμφανιστεί μερικές όπως η βιβλιοθήκη subprotocol που θα μελετήσουμε στην ενότητα αυτη η οποία εστιάζει στους γενετικούς αλγορίθμους που παρουσιάστηκαν στη 2η ενότητα.

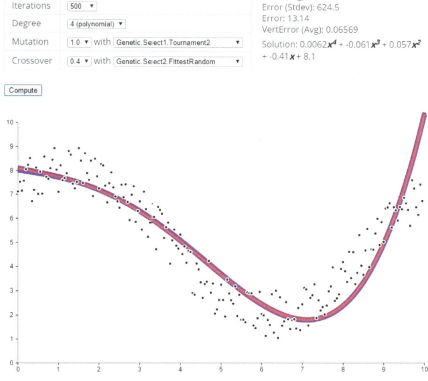

Ο γενετικός που βλέπουμε στο σχήμα (demo subprotocol.com/system/genetic-regression-curve.html) βελτιστοποιεί τους συντελεστές μιας πολυωνυμικής $\alpha\chi^4 + \beta\chi^3 + \gamma\chi^2 + \delta\chi + \varepsilon$ ώστε να την προσαρμόσει στα δεδομένα που βλέπουμε ως κουκίδες. Σε πρώτη φάση οι συντελεστές ορίζονται τυχαία και στη συνέχεια μεταλλάσσονται για ένα συγκεκριμένο (500 στο παράδειγμα) αριθμό γενεών.

Ας δούμε τις λειτουργίες της βιβλιοθήκης (από github.com/subprotocol/genetic-js)

Λειτουργία	Επιστρέφει	Απαιτείται	Περιγραφή
seed()	Individual	Ναι	Την καλούμε για να δημιουργήσει ένα άτομο οποιουδήποτε τύπου (int, float, string, array, object)
fitness(individual)	Float	Ναι	Υπολογίζει το fitness score του ατόμου
mutate(individual)	Individual	Όχι	Καλείται όταν επιλεχθεί το άτομο για μετάλλαξη
crossover(mother, father)	[Son, Daughter]	Όχι	Καλείται όταν δύο άτομα θα επιλεχθούν για ζευγάρωμα. Επιστρέφει δύο απογόνους (παιδιά)
optimize(fitness, fitness)	Boolean	Ναι	Αποφασίζει αν το πρώτο first fitness score είναι καλύτερο από το δεύτερο.
select1(population)	Individual	Ναι	Διαλέγει ένα ζεύγος ατόμων από τον πληθυσμό.
select2(population)	Individual	Όχι	Διαλέγει ένα ζεύγος ατόμων από τον πληθυσμό.
generation(pop, gen, stats)	Boolean	Όχι	Καλείται σε κάθε γενιά και επιστρέφει false για τη λήξη του αλγορίθμου, δηλαδή αν έφτασε στο στόχο
notification(pop, gen, stats, isFinished)	Void	Όχι	Τρέχει εντός του context. Όλες οι λειτουργίες εκτός αυτού τρέχουν σε έναν web worker.

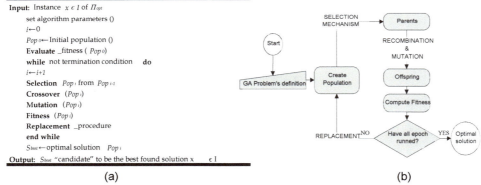

(a)   (b)

Ψευδοκώδικας και αλγόριθμος από **goo.gl/1LxhWu** [98][110]

8.3. Αλγόριθμος Βελτιστοποίησης Αποικίας Μυρμηγκιών

Ο αλγόριθμος της βελτιστοποίησης αποικίας μυρμηγκιών Ant colony optimization (ACO- στη βιβλιογραφία) παρουσιάστηκε το 1990 από τον Deneubourg χρησιμοποιώντας το παράδειγμα του μυρμηγκιού της Αργεντινής. Το 1991 ο Ιταλός Dorigo πρότεινε στο διδακτορικό του το σύστημα των μυρμηγκιών[7] και το 1998 χρησιμοποιήθηκε για τον έλεγχο διανεμημένων δικτύων επικοινωνίας[8]. Ο αλγόριθμος είναι εμπνευσμένος από τον τρόπο που τα μυρμήγκια αναζητούν την τροφή τους και ανάγεται σε πρόβλημα κατευθυνόμενου γράφου με βάρη (δίκτυο). Σκοπός είναι να βρεθεί η συντομότερη διαδρομή από τη φωλιά προς τη τροφή και πίσω.

Το μονοπάτι (γράφος) που το μυρμήγκι διανύει μαρκάρεται με την φερομόνη που απελευθερώνουν τα μυρμήγκια, αναλόγως της ποσότητας και της ποιότητας της τροφής. Εφόσον ένα δεύτερο μυρμήγκι ακολουθήσει την ίδια διαδρομή, η ποσότητα της φερομόνης όπως είναι φυσικό θα προστεθεί σε αυτή που ήδη υπήρχε και έτσι το επόμενο μυρμήγκι θα ακολουθήσει τη διαδρομή με την περισσότερη φερομόνη αφού οι υπόλοιπες διαδρομές θα εξαλείφονται σιγά σιγά από τον χάρτη.

Η τελική διαδρομή που θα έχει χαραχθεί θα θεωρείται εκείνη τη στιγμή η βέλτιστη. Τα προβλήματα που προσεγγίζει αυτός ο αλγόριθμος είναι πολύ κοντά στα προβλήματα που τα βάρη στους κατευθυνόμενους γράφους αλλάζουν συχνά όπως το πρόβλημα του προγράμματος σπουδών φοιτητών[9][10]. Ο αλγόριθμος έχει εφαρμοστεί και σε προβλήματα αξιολόγησης του πιστωτικού κινδύνου[11] αλλά και πρόβλεψης της πιστοληπτικής ικανότητας[12]

```
Input: Instance x ε I of Π_opt
        Set algorithm parameters ()
        i, j ← 0
        for j= 1 to colonies do
            Ant s₀ ← Create sub-colony and release
            agent
            while not-termination conditions
                on sub-colony do
                    i=i+1
                    Manage_ants activity ()
                    Manage_Pheromone ()
                    Manage_Demon Action ()
                    Selection Procedure ()
                    Compute solution Quality ()
            end while
            j=j+1
            S_best←candidate to be optimal solution
            Update pheromone on arc ()
        end for
        Output: S_best "candidate" to be the best found
                solution x ε I
```

(a)

(b)

Ψευδοκώδικας και αλγόριθμος από goo.gl/1LxhWu [98][110]

Για τον αλγόριθμο της βελτιστοποίησης αποικίας μυρμηγκιών υπάρχει ένα καλό παράδειγμα υλοποίησης και οπτικοποίησης σε JavaScript (ES6) στο github.com/GordyD/js-aco

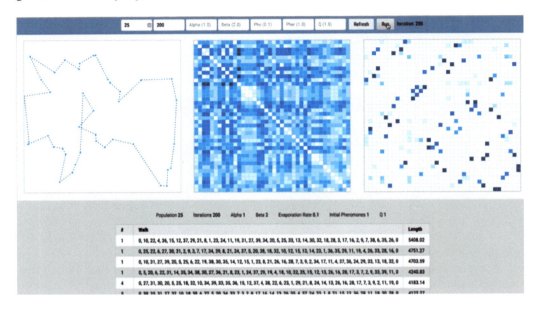

Το παράδειγμα προσπαθεί να βρει τη λύση στο γνωστό πρόβλημα του πλανόδιου πωλητή δείχνοντας αριστερά τη τρέχουσα λύση του αλγορίθμου και δεξιά το αποτύπωμα της φερομόνης. Στο κέντρο βλέπουμε ένα γράφημα τύπου heat map των αποστάσεων μεταξύ των κορυφών του γράφου.

8.4 Αλγόριθμος Βελτιστοποίησης Σμήνους Σωματιδίων

Ο αλγόριθμος Βελτιστοποίησης Σμήνους Σωματιδίων (Particle Swarm Optimization) είναι μια τεχνική στοχαστικής βελτιστοποίησης πληθυσμού η οποία αναπτύχθηκε από τους Eberhart και Kennedy το 1995[13]. Όπως ανέφεραν πρόκειται για μια ιδέα για τη βελτιστοποίηση μη-γραμμικών εξισώσεων που είναι παρόμοια με τους γενετικούς αλγόριθμους δεδομένου ότι γίνεται μια αναζήτηση του βέλτιστου με συνεχείς αναπαραγωγές των γενεών χωρίς όμως να χρησιμοποιείται η διασταύρωση και η μετάλλαξη. Οι λύσεις δεν είναι οι απόγονοι αλλά τα σωματίδια τα οποία «πετάνε» πάνω από το χώρο των λύσεων όπως τα σμήνη των πουλιών. Το πρόβλημα παρομοιάζεται επίσης με την κίνηση των ψαριών όταν αυτά κινούνται σε ομάδες. Στην βιογραφία βρίσκονται αναφορές ήδη από το 1989 όσον αφορά τη νοημοσύνη σμήνους[14] (swarm intelligence) όταν αναφέρθηκαν στην κίνηση των στρατιωτικών ρομποτικών συστημάτων ενώ υπάρχουν πάρα πολλές αναφορές στο πρόβλημα του χρονικού προγραμματισμού[15] (scheduling).

Ο αλγόριθμος Βελτιστοποίησης Σμήνους Σωματιδίων εξετάζει όχι μόνο το σύνολο του πληθυσμού αλλά και κάθε άτομο ξεχωριστά για να υπολογίσει την επόμενη κατάσταση, όπου γίνεται ένα γενικό fitness test και ένα προσωπικό, οπότε προσαρμόζεται καλύτερα όταν υπάρχει ένα τοπικό αδιέξοδο (brianshourd.com/pso). Ένα επιπλέον χαρακτηριστικό του αλγορίθμου είναι η μνήμη, οπότε μια προηγούμενη καλή λύση χρησιμοποιείται σε επόμενη λύση. Στο πρώτο βήμα του αλγορίθμου όλα τα άτομα του πληθυσμού αποκτούν μια τυχαία θέση στο χώρο που πρόκειται να γίνει η αναζήτηση της βέλτιστης λύσης. Μετά το κάθε άτομο αρχίζει και κινείται προς μία τυχαία κατεύθυνση και εξετάζεται το ατομικό και το συνολικό βέλτιστο της λύσης χρησιμοποιώντας τα αντίστοιχα βάρη. Εφόσον η κατεύθυνση στην οποία κινείται το άτομο βελτιστοποιεί το αποτέλεσμα, τότε το άτομο κινείται προς αυτή τη κατεύθυνση πιο γρήγορα, δηλαδή επιταχύνει. Αντίθετα αν η κατεύθυνση δημιουργεί χειρότερο αποτέλεσμα τότε επιβραδύνει την κίνηση.

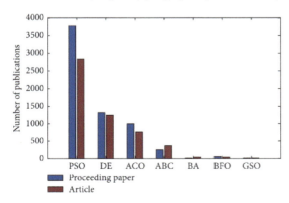

Σύμφωνα με τους Zhang, Wang,και Ji ο PSO είναι ο πιο δημοφιλής αλγόριθμος με πάνω από 1200 δημοσιεύσεις το χρόνο[99]

(DE: Defferential Evolution, Ant Colony Optimization, ABC: Arificial bee colony, BA: Bat Algorithm, BFO Bacterial foreaging optimization, GSO: Glowworm swarm optimization)

Με τον συγκεκριμένο αλγόριθμο έχουν προταθεί πάρα πολλές λύσεις στο πρόβλημα του προγραμματισμού ωρών (time scheduling) με αξιοσημείωτη αναφορά τις εργασίες του Τασσόπουλου και Μπεληγιάννη[16][17][18] (www.deapt.upatras.gr/pso_timetabling/school-timetabling.html) αλλά και πολλών άλλων ερευνητών[19][20][21]. Ο αλγόριθμος έχει χρησιμοποιηθεί σε πλήθος προβλημάτων βελτιστοποίησης όχι μόνο επειδή είναι σχετικά απλός στην υλοποίησή του αλλά και επειδή έχει αποδειχθεί ότι δίνει λύση σε συντομότερο χρόνο όπως για παράδειγμα στο χρονικό προγραμματισμό δικτύων RFID[22]. Ο αλγόριθμος χρησιμοποιείται αρκετά σε video games ενώ έχει χρησιμοποιηθεί και στο πρόβλημα ταξινόμησης των κυττάρων που λαμβάνονται κατά το τεστ Παπανικολάου[23] (από Μαρινάκης 2007)

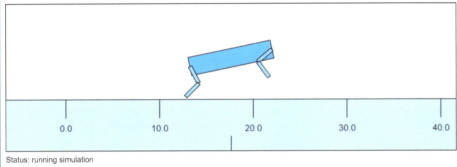

Για τον αλγόριθμο βελτιστοποίησης σμήνους σωματιδίων βρέθηκε η βιβλιοθήκη pso.js από github.com/adrianton3/pso.js/tree/master

```
// create the optimizer
var optimizer = new pso.Optimizer();

// set the objective function
optimizer.setObjectiveFunction(function (x) { return -(x[0] * x[0] + x[1] * x[1]); });

// set an initial population of 20 particles spread across the search space *[-10, 10]
x [-10, 10]*
optimizer.init(20, [{ start: -10, end: 10 }, { start: -10, end: 10 }]);

// run the optimizer 40 iterations
for (var i = 0; i < 40; i++) {
    optimizer.step();
}

// print the best found fitness value and position in the search space
console.log(optimizer.getBestFitness(), optimizer.getBestPosition());
```

8.5 Αλγόριθμος της πυγολαμπίδας

Πρόκειται για άλλον έναν μετα-ξυρετικό αλγόριθμο εμπνευσμένο από τον τρόπο που λάμπουν οι πυγολαμπίδες για να προσελκύσουν άλλες πυγολαμπίδες. Σχεδιάστηκε το 2007 στο πανεπιστήμιο του Cambridge από τον Yang Xin-She[24][25] ο οποίος παρατήρησε ότι οι πυγολαμπίδες είναι ομογενή οπότε ελκύονται από όλες τις άλλες πυγολαμπίδες. Ο βαθμός έλξης προς την κάθε πυγολαμπίδα είναι ανάλογος της φωτεινότητας που εκπέμπουν οπότε η πυγολαμπίδα με τη μεγαλύτερη φωτεινότητα έλκει αυτή με τη χαμηλότερη ενώ η φωτεινότητα μειώνεται με την απόσταση, και εάν δεν υπάρχει πυγολαμπίδα με μεγαλύτερη φωτεινότητα τότε η πυγολαμπίδα θα κινηθεί τυχαία. Ο αλγόριθμος FA (Firefly algorithm) όπως ονομάζεται χρησιμοποιείται σήμερα ως σημαντικό εργαλείο στην τεχνητή ευφυΐα, τη μηχανική μάθηση, τα νευρωνικά δίκτυα και την υπολογιστική μηχανική ενώ το 2009 εξήγησε τις εναλλαγές στη βαρύτητα που παρατηρήθηκαν με την έκλειψη του Ηλίου το 1997 και άλλα φαινόμενα[26].

Στην περίπτωση αυτή, όπως και στον αλγόριθμο βελτιστοποίησης σμήνους σωματιδίων, παράγονται πολλές γενιές από τυχαία χρονοδιαγράμματα τα οποία βελτιώνονται συνεχώς με τον αλγόριθμο της πυγολαμπίδας αξιολογώντας το καθένα και καταλήγοντας στο βέλτιστο τη στιγμή που λήγει ο αριθμός των επαναλήψεων που θα δώσουμε στον αλγόριθμο. Ο Xin-She Yang έχει προτείνει κι άλλους παρόμοιους αλγορίθμους για τη στρατηγική αναζήτησης, όπως ο αλγόριθμος της νυχτερίδας (Bat Algorithm)[28].

Ο αλγόριθμος της πυγολαμπίδας (github.com/dimitriylol/FireFlyAlgorithm) έχει εφαρμογές στη συμπίεση εικόνας, στη σχεδίαση νανοσυστημάτων, στην πρόβλεψη προβληματικών εξαρτημάτων, στο σχεδιασμό κεραιών, στην ομαδοποίηση και στην πρόβλεψη της δομής πρωτεϊνών, Το 2012 προτάθηκε με τον αλγόριθμο της πυγολαμπίδας λύση στο πρόβλημα της πολυ-κριτηριακής βελτιστοποίησης στον προγραμματισμό χρονοδιαγραμμάτων [27].

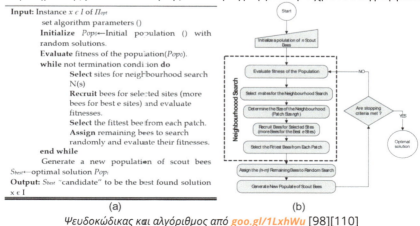

(a)   (b)

Ψευδοκώδικας και αλγόριθμος από goo.gl/1LxhWu [98][110]

8.6 Αλγόριθμος Βελτιστοποίησης Ζευγαρώματος Μελισσών

Ο Αλγόριθμος Βελτιστοποίησης Ζευγαρώματος Μελισσών (Honey Bees Mating Optimization) που παρουσιάστηκε το 2001 από τον Abbass[29][30][31] προσομοιώνει τη διαδικασία ζευγαρώματος της βασίλισσας των μελισσών στην κυψέλη. Η διαδικασία ζευγαρώματος της βασίλισσας ξεκινάει όταν η βασίλισσα πετάει μακριά από τη φωλιά κάνοντας την πτήση «ζευγαρώματος» κατά την οποία οι κηφήνες την ακολουθούν και ζευγαρώνουν με αυτή στον αέρα. (youtu.be/7q6pWK6LpNI). Σε αυτό το σημείο θα θέλαμε να παρατηρήσουμε ότι η μέλισσα θεωρείται από τους επιστήμονες ότι υπάρχει στον πλανήτη μας εδώ και 40 εκατομμύρια χρόνια. Απολίθωμα μέλισσας που βρέθηκε στη Νεβάδα χρονολογήθηκε στα 14 εκατομμύρια χρόνια[32].

Η μελέτη του πετάγματος της μέλισσας (ο χορός αυτός με τον οποίο η μέλισσα μεταδίδει σε άλλα μέλη της κοινότητας την ακριβή τοποθεσία (κατεύθυνση, απόσταση) των λουλουδιών) χάρισε το Βραβείο Νόμπελ στην Φυσιολογία/Ιατρική το 1973[32] και έδωσε από μόνο του την έμπνευση για τη δημιουργία του αλγορίθμου των μελισσών[33] (Bees Algorithm) με τον οποίο λύνονται πολύπλοκα προβλήματα βελτιστοποίησης[34]

```
Initialize workers
Randomly generate the queens
Apply local search to get a better queen
For a pre–defined maximum number of mating–flights.
    For each queen in the queen list
        Initialize energy, speed and position
        While the queen's spermatheca is not full and energy >0
            The queen moves between states and probabilistically chooses drones
            If a drone is selected, then
                Add its sperm to the queen's spermatheca
            End if
            Update the queen's internal energy and speed
        End while
    End for each
Generate broods by crossover and mutation
Use workers to improve broods
Update workers' fitness
While the best brood is better than the worst queen
    Replace the least–fittest queen with the best brood
    Remove the best brood from the brood list
End while
Kill all broods
                    Fig. 1 –Original HBMO-[27]
```

Ο Αλγόριθμος χρησιμοποιήθηκε το 2009 για την επίλυση του προβλήματος
του προγραμματισμού σχολικών εξετάσεων [39]

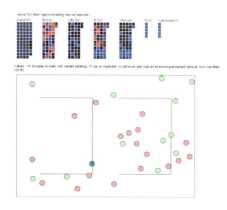

8.7 Νευρωνικά δίκτυα

Τα Τεχνητά Νευρωνικά Δίκτυα αποτελούν μια προσπάθεια προσέγγισης της λειτουργίας του ανθρώπινου εγκεφάλου. Η αρχιτεκτονική τους βασίζεται στην αρχιτεκτονική των Βιολογικών Νευρωσικών Δικτύων. Τα Νευρωνικά Δίκτυα εκπαιδεύονται με τη βοήθεια παραδειγμάτων, έτσι ώστε να μαθαίνουν το περιβάλλον τους. Υπάρχουν πολλές κατηγορίες Ν.Δ., ανάλογα με την αρχιτεκτονική τους

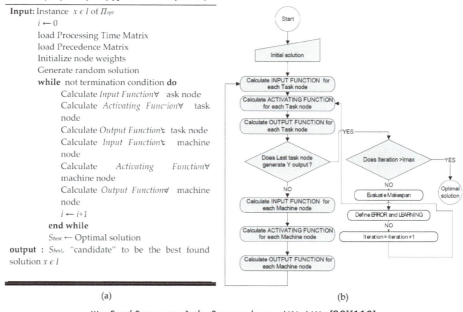

Ψευδοκώδικας και αλγόριθμος από goo.gl/1LxhWu [98][110]

Στον ιστότοπο cs.stanford.edu/people/ karpathy/convnetjs του πανεπιστημίου Stanford υπάρχει η πολύ ενδιαφέρουσα βιβλιοθήκη Deep Q Learning για μηχανική μάθηση σε JavaScript (που βασίζεται στην εργασία στην οποία έγινε επίδειξη υπολογιστή που παίζει Atari[90]) και έχει αρκετές ομοιότητες με τους αλγόριθμους πολύ-κριτηριακής βελτιστοποίησης που περιγράψαμε, αφού προσπαθεί να βρει την βέλτιστη πολιτική/επιλογή επόμενης κίνησης σε ένα πεπερασμένο σύνολο διαδικασιών Markov.

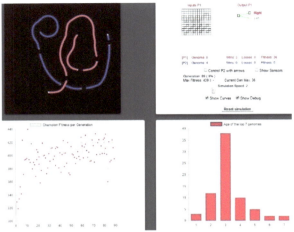

Εικόνα από snakeneuralnetwork.herokuapp.com

8.8 Deep Learning – παίζοντας φιδάκι και οδηγώντας αυτοκίνητα

Δύο ενδιαφέροντα παραδείγματα μηχανικής μάθησης δημοσιεύθηκαν πρόσφατα (2017) στο github, το ένα αφορούσε το παιχνίδι φιδάκι (github.com/elyx0/snakeneuralnetworkjs) και το δεύτερο την αυτόματη οδήγηση αυτοκινήτου. Και τα δύο παραδείγματα τρέχουν σε JavaScript στον browser

Το φιδάκι χρησιμοποιεί συνδυασμό νευρωνικού δικτύου και γενετικού αλγορίθμου και συνοδεύεται από ένα πολύ καλό tutorial του προγραμματιστή στην ιστοσελίδα https://hackernoon.com/neural-networks-from-scratch-for-javascript-linguists-part1-the-perceptron-632a4d1fbad2

Το δεύτερο παράδειγμα (github.com/ janhuenermann/neurojs) που αφορά την αυτόματη οδήγηση χρησιμοποιεί την βιβλιοθήκη NeuroJS για τεχνητά νευρωνικά δίκτυα και μηχανική (ενισχυμένη) μάθηση[107]

Εικόνα από janhuenermann.com/projects/learning-to-drive

Τέλος για το κλείσιμο του βιβλίου θα κάνουμε μια σύντομη αναφορά στον αλγόριθμο Dijkstra που ο Ολλανδός Edsger Wybe Dijkstra σκέφτηκε μέσα σε 20 λεπτά σε ενώ έπινε έναν καφέ το 1956 σύμφωνα με συνέντευξη που έδωσε[108]. Ο αλγόριθμος αυτός, σχεδόν μισό αιώνα μετά το 1959 που δημοσιεύθηκε, αποτέλεσε τον βασικό αλγόριθμο για δημιουργία της πιο σύντομης διαδρομής στους ψηφιακούς χάρτες. Μια πολύ ωραία υλοποίηση χρησιμοποιώντας JavaScript και την βιβλιοθήκη γραφικών D3 μπορούμε να δούμε εδώ: bl.ocks.org/sdjacobs/ 3900867adc06c7680d48.

9. Αναφορές

[1] Dongarra, J., & Sullivan, F. (2000, January 15). Guest Editors' Introduction: The Top 10 Algorithms. Retrieved January 2, 2015, from http://www.computer.org/csdl/mags/cs/2000/01/c1022.html

[2] Turing, A. (1950). COMPUTING MACHINERY AND INTELLIGENCE. In A QUARTERLY REVIEW OF PSYCHOLOGY AND PHILOSOPHY (236th ed., Vol. LIX, p. 433–460). MIND.

[3] Holland, J. (1975). Adaptation in Natural and Artificial Systems (p. 211). University of Michigan Press.

[4] Ingo Rechenberg (1971). Evolutionsstrategie – Optimierung technischer Systeme nach Prinzipien der biologischen Evolution (PhD thesis, http://tocs.ulb.tu-darmstadt.de/13420222.pdf)

[5] David E. Goldberg (1987). Computer-aided pipeline operation using genetic algorithms and rule learning. PART II: Rule learning control of a pipeline under normal and abnormal conditions. Engineering with Computers

Volume 3, Issue 1 , pp 47-58

[6] J.-L. Deneubourg, S. Aron, S. Goss, and J. M. Pasteels.1990. The self-organizing exploratory pattern of the Argentine ant. Journal of Insect Behavior, 3:159–168

[7] M. Dorigo, Optimization, Learning and Natural Algorithms, PhD thesis, Politecnico di Milano, Italy, 1992.

[8] G. Di Caro and M. Dorigo. AntNet: Distributed stigmergetic control for communications networks. Journal of Artificial Intelligence Research, 9:317–365, 1998.

[9] Nothegger, C., Mayer, A., Chwatal, A., & Raidl, G. (2010). Solving the post enrolment course timetabling problem by ant colony optimization. Annals of Operations Research. 325-339.

[10] Vatroslav Dino Matijaš, Goran Molnar, Marko Čupić, Domagoj Jakobović, Bojana Dalbelo Bašić. (2010). University Course Timetabling Using ACO: A Case Study on Laboratory Exercises. Knowledge-Based and Intelligent Information and Engineering Systems. Lecture Notes in Computer Science Volume 6276, pp 100-110

[11] Marinakis, Y., Marinaki, M., & Zopounidis, C. (2008). Application Of Ant Colony Optimization To Credit Risk Assessment. New Mathematics and Natural Computation, 107-107.

[12] Martens, D., Gestel, T., Backer, M., Haesen, R., Vanthienen, J., & Baesens, B. (2009). Credit rating prediction using Ant Colony Optimization. Journal of the Operational Research Society, 561-573.

[13] James Kennedy, Russell Eberhart (1995). Particle Swarm Optimization. Proceedings of IEEE International Conference on Neural Networks IV. pp. 1942–1948

[14] Beni, G., Wang, J. (June 26–30 1989). Swarm Intelligence in Cellular Robotic Systems, Proceed. NATO Advanced Workshop on Robots and Biological Systems, Tuscany, Italy,

[15] Ana Madureira, Nelson Sousa, Ivo Pereira (2011). SWARM INTELLIGENCE FOR SCHEDULING: A REVIEW. Business Sustainability II, SWARM INTELLIGENCE

[16] Ioannis X. Tassopoulos, Grigorios N. Beligiannis, (2012). Using particle swarm optimization to solve effectively the school timetabling problem, Soft Computing, 16(7), pp. 1229-1252

[17] Ioannis X. Tassopoulos, Grigorios N. Beligiannis. (2012),A hybrid particle swarm optimization based algorithm for high school timetabling problems, Applied Soft Computing, 12(11), pp. 3472-3489

[18] Ioannis X. Tassopoulos, Grigorios N. Beligiannis (2012) "Solving effectively the school timetabling problem using particle swarm optimization", Expert Systems with Applications, 39(5), pp. 6029-6040

[19] Lei Zhang, Yuehui Chen, Runyuan Sun, Shan Jing, Bo Yang (2008). A Task Scheduling Algorithm Based on PSO for Grid Computing. International Journal of Computational Intelligence Research. ISSN 0973-1873 Vol.4, No.1 (2008), pp. 37–43

[20] Shu-Chuan Chu, Yi-Tin Chen, Jiun-Huei Ho. (2006) Timetable Scheduling Using Particle Swarm Optimization. Proceedings of the First International Conference on Innovative Computing, Information and Control (ICICIC'06)

[21] Pisut Pongchairerks(2009) Particle swarm optimization algorithm applied to scheduling problems. Thai Science 10.2306/scienceasia1513-1874.2009.35.089

[22] Jun Tang, (August 2010), Solving RFID Networks Scheduling Problems Using Hybird Binary Particle Swarm Optimization Algorithm. Applied Mechanics and Materia s, 29-32, 966

[23] Yannis Marinakisa, Magdalene Marinaki, Georgios Dounias (2008). Particle swarm optimization for pap-smear diagnosis. Expert Systems with Applications Volume 35, Issue 4, November 2008, Pages 1645–1656

[24] Yang, Xin-She (2008). Nature-Inspired Metaheuristic Algorithms. Frome: Luniver Press. ISBN 1-905986-10-6.

[25] Iztok Fister, Xin-She Yang, Iztok Fister, Janez Brest, Dusan Fister (July 2013). A Brief Review of Nature-Inspired Algorithms for Optimization. ELEKTROTEHNISKI VESTNIK ˇ 80(3): 116–122, 2013

[26] Chris P. Duif (2004), A review of conventional explanations of anomalous observations during solar eclipses. arXiv:

[27] Pejman Sanaei, Reza Akbari, Vahid Zeghami, Sheida Shams (December 2012). Using Firefly Algorithm to Solve Resource Constrained Project Scheduling Problem. Proceedings of Seventh International Conference on Bio-Inspired Computing: Theories and Applications (BIC-TA 2012) Advances in Intelligent Systems and Computing Volume 201, 2013, pp 417-428

[28] Xin-She Yang, Suash Deb, Simon Fong (2014) Bat Algorithm is Better Than Intermittent Search Strategy. arXiv:1408.5348 [math.OC]

[29] ABBASS HA (27–30 May 2001) Marriage in honey bees optimisation: A haplometrosis polygynous swarming approach. Proc. Congress on Evolutionary Computation, CEC2001, Seoul, Korea. 207–214.

[30] ABBASS HA (7–11 July 2001) A single queen single worker honey–bees approach to 3-SAT. Proc. Genetic and Evolutionary Computation Conference (GECCO2001), San Francisco. 807–814.

[31] ABBASS HA (9–11 July 2001) A pleometrosis MBO approach to satisfiability. Proc. International Conference on Computational Intelligence for Modeling, Control and Automation, CIMCA2001, Las Vegas, USA.

[32] The Nobel Prize in Physiology or Medicine 1973. (1973, January 1). Retrieved February 3, 2015, from http://www.nobelprize.org/nobel_prizes/medicine/laureates/1973/index.html

[33] D.T. Pham, A. Ghanbarzadeh, E. Koç, S. Otri , S. Rahim , M. Zaidi (2006) The Bees Algorithm – A Novel Tool for Complex Optimisation Problems

[34] A. Mirzakhani Nafchi, A. Moradi, A. Ghanbarzadeh, A. Rezazadeh, E.Soodmand (2011) Solving engineering optimization problems using the Bees Algorithm. Humanities, Science and Engineering (CHUSER), 2011 IEEE Colloquium on P 162 – 166

[35] Unknown author. Retrieved Jan 1, 2015. http://goo.gl/2R3z3B

[36] Yannis Marinakis, Magdalene Marinak, Georgios Dounias (2008) Honey Bees Mating Optimization Algorithm for the Vehicle Routing Problem. Nature Inspired Cooperative Strategies for Optimization (NICSO 2007) Studies in Computational Intelligence Volume 129, pp 139-148

[37] Magdalene Marinakia, , Yannis Marinakisb, , Constantin Zopounidis (2010) Honey Bees Mating Optimization algorithm for financial classification problems. Applied Soft Computing, Volume 10, Issue 3, June 2010, Pages 806–812

[38] Babak Amiri, Mohammad Fathian (2007) INTEGRATION OF SELF ORGANIZING FEATURE MAPS AND HONEY BEE MATING OPTIMIZATION ALGORITHM FOR MARKET SEGMENTATION. Journal of Theoretical and Applied Information Technology

[39] Nasser R. Sabar, Masri Ayob, Graham Kendall (August 2009) Solving Examination Timetabling Problems using Honey-bee Mating Optimization (ETP-HBMO). Multidisciplinary International Conference on Scheduling: Theory and Applications (MISTA 2009) Dublin, Ireland

 [40] Nasser R. Sabara, Masri Ayoba, Graham Kendallb, Rong Qub (February 2012) A honey-bee mating optimization algorithm for educational timetabling problems. European Journal of Operational Research Volume 216, Issue 3, Pages 533–543

[41] OMID BOZORG HADDAD1, ABBAS AFSHAR, MIGUEL A. MARINO (2006) Honey-Bees Mating Optimization (HBMO) Algorithm: A New Heuristic Approach for Water Resources Optimization. Water Resources Management 20: 661–680 DOI: 10.1007/s11269-005-9001-3

[42] Yannis Marinakis, Magdalene Marinaki, Georgios Dounias (October 2011). Honey bees mating optimization algorithm for the Euclidean traveling salesman problem. Information Sciences: Volume 181, Issue 20, Pages 4684–4698. Special Issue on Interpretable Fuzzy Systems

[43] Muhammad Rozi Malim, Ahamad Tajudin Khader, Adli Mustafa (October 2006), Artificial immune algorithms for university timetabling. Proceedings of the 6th international conference on practice and theory of automated timetabling, Brno, Czech Republic, pp 234-245

[44] Muhammad Rozi Malim (March 2010), Adapting immune system based algorithms for class timetabling, Information Retrieval & Knowledge Management, (CAMP), 2010 International Conference, IEEE, pp 215-222

[45] MUHAMMAD ROZI MALIM, AHAMAD TAJUDIN KHADER, ADLI MUSTAFA (2006), An Immune-Based Approach to University Course Timetabling: Negative Selection Algorithm. the Proc. of the 2nd IMTGT Regional Conf. on Mathematics, Statistics and Applications, Univ. of Sains Malaysia, Penang pp 13-15

[46] Carlos A. Coello Coello, Daniel Cortés Rivera, Nareli Cruz Cortés (2003), Use of an Artificial Immune System for Job Shop Scheduling. Lecture Notes in Computer Science Volume 2787, pp 1-10

[47] M Afshari, H Sajedi (June 2012), A novel artificial immune algorithm for solving the job shop scheduling problem. International Journal of Computer Applications, International Journal of Computer Applications (0975 – 888). Volume 48– No.14

[48] Zohreh Davarzani, Mohammad-R Akbarzadeh-T, Nima Khairdoost (July 2012), Multiobjective Artificial Immune Algorithm for Flexible Job Shop Scheduling Problem, International Journal of Hybrid Information Technology Vol. 5, No. 3

[49] Carlos Coello-Coello and Nareli Cruz-Cortes, "Use of emulations of the immune system to handle constraints in evolutionary algorithms", Intelligent Engineering Systems through Artificial Neural Networks (ANNIE'2001), St. Louis Missouri, USA, November 2001.

[50] Gary Bernhardt (April 2014), The Birth & Death of JavaScript, PyCON 2014 Conference presentation video on https://www.destroyallsoftware.com/talks/the-birth-and-death-of-javascript

[51] TIOBE Software Index (April 2017), "Hack programming language enters the top 50", retrieved Mary 1, 2017 from: https://www.tiobe.com/tiobe-index/

[52] Stephen O'Grady (2016, July 20). The RedMonk Programming Language Rankings: June 2016. Retrieved July 25, 2016, from http://redmonk.com/sogrady/2016/07/20/language-rankings-6-16/

[53] Alyson La (2015, Aug 19). Language Trends on GitHub. Retrieved June 16, 2016, from https://github.com/blog/2047-language-trends-on-github

[54] Garrett, J. (2005, February 18). Ajax: A New Approach to Web Applications | Adaptive Path. Retrieved March 6, 2015, from http://www.adaptivepath.com/ideas/ajax-new-approach-web-applications/

[55] DANGOOR, K. (2009, January 29). What Server Side JavaScript needs. Retrieved March 6, 2015, from http://www.blueskyonmars.com/2009/01/29/what-server-side-javascript-needs/

[56] Handy, A. (2011, June 23). Node.js pushes JavaScript to the server-side. Retrieved March 6, 2015, from http://sdtimes.com/node-js-pushes-javascript-to-the-server-side/

[57] Peacekeeper - free universal browser test for HTML5. (n.d.). Retrieved March 6, 2015, from http://peacekeeper.futuremark.com/

[58] Minto, Rob (27 March 2009). "The genius behind Google's web browser". Financial Times. Retrieved March 6, 2015, from http://www.ft.com/cms/s/0/03775904-177c-11de-8c9d-0000779fd2ac.html

[59] Schenker, J. (2008, November 12). Google's Chrome: The Danish Magic Inside. Retrieved March 6, 2015, from http://www.bloomberg.com/bw/stories/2008-11-12/googles-chrome-the-danish-magic-insidebusinessweek-business-news-stock-market-and-financial-advice

[60] Brunner, G. (2013, March 28). Unreal Engine 3 ported to JavaScript and WebGL, works in any modern browser | ExtremeTech. Retrieved March 6, 2015, from http://www.extremetech.com/gaming/151900-unreal-engine-3-ported-to-javascript-and-webgl-works-in-any-modern-browser

[61] Cambus, F. (2014, June 12). Emulators written in JavaScript. Retrieved March 6, 2015, from http://www.cambus.net/emulators-written-in-javascript/

[62] List of languages that compile to JS. (2015, March 3). Retrieved March 11, 2015, from https://github.com/jashkenas/coffeescript/wiki/List-of-languages-that-compile-to-JS

[63] Serdar, Y. (2014, June 26). 9 programming languages that make coding JavaScript a joy. Retrieved March 11, 2015, from http://www.infoworld.com/article/2606392/javascript/156855-X-languages-that-compile-to-JavaScript.html

[64] Turner, J. (2015, March 5). Angular 2: Built on TypeScript. Retrieved March 11, 2015, from http://blogs.msdn.com/b/typescript/archive/2015/03/05/angular-2-0-built-on-typescript.aspx

[65] Chesters J. (2015, March 2). JavaScript Frameworks in the Real World Retrieved March 11, 2015, from http://www.infoq.com/research/javascript-frameworks-2015

[66] Brendan Eich (2008, April 3). Popularity. *Article from his personal blog* retrieved from Google Cache https://brendaneich.com/2008/04/popularity in August 12, 2015

[67] Press Release (1995, December 5). NETSCAPE AND SUN ANNOUNCE JAVASCRIPT, THE OPEN, CROSS-PLATFORM OBJECT SCRIPTING LANGUAGE FOR ENTERPRISE NETWORKS AND THE INTERNET. Retrieved August 13, 2015 from https://web.archive.org/web/20070916144913/http://wp.netscape.com/newsref/pr/newsrelease67.html

[68] Hamilton, Naomi. The A-Z of Programming Languages: JavaScript. Computerworld. Computerworld, 31 July 2008. Web. 12 Aug. 2015. <http://www.computerworld.com.au/article/255293/a-z_programming_languages_javascript/>.

[69] Jesse James Garrett (2005, February 18) Ajax: A New Approach to Web Applications, from http://www.adaptivepath.com/ideas/ajax-new-approach-web-applications/ retrieved August 13, 2015

[70] Brendan Eich (2015, June 17). From ASM.JS to WebAssembly. *Article from his personal blog* retrieved in August 12, 2015

[71] ECMA International (October 2013) ECMA-404 Standard: The JSON Data Interchange Format. http://www.ecma-international.org/publications/files/ECMA-ST/ECMA-404.pdf retrieved August 13, 2015

[72] NETSCAPE INTRODUCES NETSCAPE ENTERPRISE SERVER(TM) 2.0. (n.d.) >The Free Library. (2014). Retrieved Aug 13 2015 from http://www.thefreelibrary.com/NETSCAPE+INTRODUCES+NETSCAPE+ENTERPRISE+SERVER(TM)+2.0-a018056425

[73] Kevin McCarthy (January 2011) Node.js Interview: 4 Questions with Creator Ryan Dahl. Retrieved Aug 13 2015 from http://bostinno.streetwise.co/2011/01/31/node-js-interview-4-questions-with-creator-ryan-dahl/

[74] Γιώργος Τσεκούρας, Νόελ Κουτλής (Μάρτιος 2014) ACORN BBC, Μια μοναδική ιστορία επιτυχίας που ξεκίνησε από το σχολείο και εξελίχθηκε σε έναν από τους πιο επιτυχημένους μικροεπεξεργαστές. Πρακτικά συνεδρίου ΠΕΚΑΠ 2014 http://pekap.tsopokis.gr/synedrio/praktika/2014/ergasies/2Tsekouras2-full_Corrected.pdf[75] Matt Brian (July 7, 2015). How the BBC's Micro:bit came to be. Engadget, retrieved Aug 30 2015 from http://www.engadget.com/2015/07/07/bbc-micro-bit-explained/

[76] BBC Make it Digital (2015). Introducing the BBC micro:bit. Retrieved Aug 30 2015 from BBC MicroBit official site http://www.bbc.co.uk/programmes/articles/4hVG2Br1W1LKCmw8nSm9WnQ/introducing-the-bbc-micro-bit

[77] Dingman, H. (2015, January 6). Internet Archive brings over 2000 free classic MS-DOS games to your browser. Retrieved November 19, 2015, from http://www.pcworld.com/article/2865916/internet-archive-brings-over-2000-free-classic-ms-dos-games-to-your-browser.htm

[78] Johansson, M. (2015, June 1). How is Javascript used within the Spotify desktop application? Retrieved November 19, 2015, from https://www.quora.com/How-is-Javascript-used-within-the-Spotify-desktop-application

[79] Bevacqua, N. (2015, November 29). JavaScript Developer Survey Results. Retrieved December 16, 2015, from https://ponyfoo.com/articles/javascript-developer-survey-results

[80] Eastcott, W., & Robert Nyman, R. (2014 June 4). PlayCanvas Goes Open Source. Retrieved January 10, 2016, from https://hacks.mozilla.org/2014/06/playcanvas-goes-open-source/

[81] Granja, D. I., & Ruiz, J. J. (1986). An Interview with George B. Dantzig: The Father of Linear Programming - The College Mathematical Journal. Retrieved January 3, 2016, from http://www.phpsimplex.com/en/Dantzig_interview.htm

[82] George B. Dantzig (1963). . Linear programming and extensions. Princeton University Press and the RAND Corporation.

[83] Dunning, I. (2013, September 8). SimplexJS. Retrieved January 3, 2016, from http://iaindunning.com/blog/simplexjs.html

[84] Seth Thompson (2016, March 15) Experimental support for WebAssembly in V8, Retrieved March 19, 2016, from http://v8project.blogspot.gr/2016/03/experimental-support-for-webassembly.html

[85]StackOverflow (2016, March 17) Developer Survey Results 2016, Retrieved March 19, 2016, from http://stackoverflow.com/research/developer-survey-2016

[86] John Gossman (2005, October 8) Introduction to Model/View/ViewModel pattern for building WPF apps, Retrieved March 19, 2016, from https://blogs.msdn.microsoft.com/johngossman/2005/10/08/introduction-to-modelviewviewmodel-pattern-for-building-wpf-apps/

[87] Abel, A. (2015, August 5). JerryScript & IoT.js: JavaScript for IoT from Samsung. Retrieved February 23, 2016, from http://www.infoq.com/news/2015/08/iotjs-jerryscript-samsung

[88] Krill, P. (2015, July 29). Samsung banks on JavaScript, Node.js for IoT. Retrieved February 23, 2016, from http://www.infoworld.com/article/2953719/javascript/samsung-banks-on-javascript-node-js-for-iot.html

[89] Klint, F. (2015, November 23). WordPress.com Gets a New Face and Joins the JavaScript Age. Retrieved February 23, 2016, from http://www.wired.com/2015/11/wordpress-com-gets-a-new-face-and-joins-the-javascript-age/

[90] Volodymyr Mnih, Koray Kavukcuoglu, David Silver, Alex Graves, Ioannis Antonoglou, Daan Wierstra, Martin Riedmiller.(2013, December 19). Playing Atari with Deep Reinforcement Learning" Retrieved from Cornell University Library May 24, 2016 http://arxiv.org/pdf/1312.5602v1.pdf

[91] Harrell, J. (2013, November 22). Node.js at PayPal. Retrieved May 26, 2016, from https://www.paypal-engineering.com/2013/11/22/node-js-at-paypal/

[92] DELL, J. (2011, August 16). Exclusive: How LinkedIn used Node.js and HTML5 to build a better, faster app. Retrieved May 26, 2016, from http://venturebeat.com/2011/08/16/linkedin-node/

[93] Krill, P. (2015, December 11). Node.js, Google Go drive Uber. Retrieved May 26, 2016, from http://www.infoworld.com/article/3014207/javascript/nodejs-google-go-drive-uber.html

[94] Ecma International (June 14, 2016). ECMAScript® 2016 Language Specification. Retrieved June 25, 2016, from https://tc39.github.io/ecma262/

[95] Mattias Petter Johansson (2015, April 12). How is Javascript used within the Spotify desktop application? Retrieved June 26, 2016, from https://www.quora.com/How-is-Javascript-used-within-the-Spotify-desktop-application

[96] Nick Larsen (2016, June 24). Build Your First Thing With WebAssembly. Retrieved June 26, 2016, from http://cultureofdevelopment.com/blog/build-your-first-thing-with-web-assembly/

[97] Rob Eisenberg (2015, January 26). Introducing Aurelia. Retrieved July 26, 2016, from http://blog.durandal.io/2015/01/26/introducing-aurelia/

[98] Marcello Fera, Fabio Fruggiero, Alfredo Lambiase, Giada Martino and Maria Elena Nenni (2013, March). Production Scheduling Approaches for Operations Management, Operations Management, Marcello Fera, Fabio Fruggiero, Alfredo Lambiase, Giada Martino and Maria Elena Nenni (2013). Production Scheduling Approaches for Operations Management, Operations Management, Prof. Massimiliano Schiraldi (Ed.), InTech, DOI: 10.5772/55431. Available from: http://www.intechopen.com/books/operations-management/production-scheduling-approaches-for-operations-management, InTech, DOI: 10.5772/55431. Retrieved July 26, 2016, from: http://www.intechopen.com/books/operations-management/production-scheduling-approaches-for-operations-management

[99] Yudong Zhang,Shuihua Wang,, and Genlin Ji (2015, February 12) A Comprehensive Survey on Particle Swarm Optimization Algorithm and Its Applications. Mathematical Problems in Engineering Volume 2015, Article ID 931256 Retrieved July 26, 2016 from http://www.hindawi.com/journals/mpe/2015/931256/

[100] Rust, S., Schelling, J., & Schipper, D. (2015, Jun 8) Building Real-Time Web Applications with Meteor. Universiteit Leiden, Retrieved July 26, 2016 from http://mediatechnology.leiden.edu/images/uploads/ docs/wt2015_meteor.pdf

[101] Evan Schwartz. 2016. A Payment Protocol of the Web, for the Web: Or, Finally Enabling Web Micropayments with the Interledger Protocol. In Proceedings of the 25th International Conference Companion on World Wide Web (WWW '16 Companion). International World Wide Web Conferences Steering Committee, Republic and Canton of Geneva, Switzerland, 279-280. DOI: http://dx.doi.org/10.1145/2872518.2889305

[102] Olanoff, D. (2012). Mark Zuckerberg: Our Biggest Mistake Was Betting Too Much On HTML5. Retrieved October 18, 2016, from https://techcrunch.com/2012/09/11/mark-zuckerberg-our-biggest-mistake-with-mobile-was-betting-too-much-on-html5/

[103] Gary Wolf (June 1995). The Curse of Xanadu, Wired Magazine. Retrieved November 23, 2016 from https://www.wired.com/1995/06/xanadu/

[104] James Gillies; R. Cailliau (2000). How the Web was born: the story of the World Wide Web. Oxford University Press. pp. 213–217. ISBN 978-0-19-286207-5

[105] Dharma Shukla, Shireesh Thota, Karthik Raman, Madhan Gajendran, Ankur Shah, Sergii Ziuzin, Krishnan Sundaram, Miguel Gonzalez Guajardo, Anna Wawrzyniak, Samer Boshra, Renato Ferreira, Mohamed Nassar, Michael Koltachev, Ji Huang, Sudipta Sengupta, Justin Levandoski, and David Lomet. 2015. Schema-agnostic indexing with Azure DocumentDB. Proc. VLDB Endow. 8, 12 (August 2015), 1668-1679.

[106] Katz, D. (2012, January 4). The Future of CouchDB. Retrieved December 16, 2016, from http://damienkatz.net/ 2012/01/the_future_of_couchdb.html

[107] Bellemare, Marc G.; Ostrovski, Georg; Guez, Arthur; Thomas, Philip S.; Munos, Rémi, (2015, December): Increasing the Action Gap: New Operators for Reinforcement Learning. Proceedings of the AAAI Conference on Artificial Intelligence, 2016

[108] Misa, T. J. (2010, August 01). An Interview With Edsger W. Dijkstra. Retrieved April 29, 2017, from https://cacm.acm.org/magazines/2010/8/96632-an-interview-with-edsger-w-dijkstra/fulltext

[109] Tsao, R. (2016, December 16). Virtual CSS with Styletron. Retrieved February 06, 2017, from https://ryantsao.com/blog/virtual-css-with-styletron

[110] Marcello Fera, Fabio Fruggiero, Alfredo Lambiase, Giada Martino and Maria Elena Nenni (2013). Production Scheduling Approaches for Operations Management, Operations Management, Prof. Massimiliano Schiraldi (Ed.), InTech, DOI: 10.5772/55431. Retrieved February 20, 2016 from https://www.intechopen.com/books/operations-management/production-scheduling-approaches-for-operations-management

www.ingramcontent.com/pod-product-compliance
Lightning Source LLC
Chambersburg PA
CBHW041420050326
40689CB00002B/583